商用OK! 大 中 小 で作ると かわいさ3倍 布こもの

主婦と生活社

Part 1
POUCH & CASE

04… 量産したい ポーチとケース

- 04…リボンのぷっくりギャザーポーチ
- 05…口側カーブで大きく開くコスメポーチ
- 06…L字ファスナーのミニ財布＆カードケース
- 07…スケルトンポーチ
- 08…スクエアなまち付きポーチ
- 09…ピースワークポーチ
- 10…持ち手付きフラップポーチ
- 11…二つ折りケース・救急セットポーチ
- 12…牛乳パック形小物入れ
- 13…オムレットポーチ
- 14…オール出入り口ポーチ・フリルポーチ
- 15…メイク＆サニタリーポーチとペンケース

Contents

作品ページの★は難易度を表しています
★☆☆…初級
★★☆…中級
★★★…上級

この本の掲載作品を作って販売するときのお願い

この本に掲載している作品は、作者より「個人的に複製した作品の販売を許可する」旨の了承を得ています。ただし、作品を販売したり、SNSに投稿したりする際は、下記の文言を明記してくださるよう、お願いいたします。

作品名／作者名／
『商用OK! 大中小で作るとかわいさ3倍 布こもの』(主婦と生活社)掲載

Part 2
BAG
16… 毎日持ちたい使えるバッグ

- 16…おしゃれバッグインバッグ
- 17…6枚はぎのコロンバッグ
- 18…フリル巾着バッグ
- 19…ふっくらタックバッグ
- 20…リボンバッグ
- 22…スクールガールトートバッグ
- 26…たっぷりギャザーのお散歩バッグ
- 30…親子おそろいのウエストポーチ
- 31…ラミネート2wayバッグ
- 32…ひらひらポシェット
- 33…ドローストリングスマホショルダー
- 34…お手玉風バッグ
- 35…レジ袋型エコバッグ
- 36…ノットバッグ
- 37…筒形ボストンバッグ
- 38…しずくまちのボストンバッグ

Part 3
INTERIOR & ACCESSORIES
43… かわいいインテリア小物 & 便利グッズ

- 43…仲良し親子のペア
- 44…お花の小物入れ
- 45…オーバルバスケット
- 46…PVCチケット＆カードホルダー
- 47…携帯スリッパ＆収納ケース・大きさ自在な衣装ケース
- 48…ギフトBOX風小物入れ

49…作品の作り方

量産したい ポーチとケース

Part 1 POUCH & CASE

サイズ違いで、双子、三つ子と作ったら、
重ねて、並べてかわいさ倍増♡
販売時にも目を引くこと間違いなし！
使い勝手がいいデザインは、
大きさが変わっても利便性は健在です。

01 02 03 難易度 ★★★

リボンの ぷっくりギャザー ポーチ

側面にあしらったリボンが目を引く楕円のまち付きポーチ。側面のカーブと通しまちを合わせるときの〝寸法が合わない！〟というお悩みを、側面にギャザーを寄せることで解決。ギャザーのおかげでぷっくり愛らしい形に仕上がり、一石二鳥！（Design：羽柴麻衣子さん）

03／小
02／中
01／大

でき上がりサイズ
01 約縦14×横20cm、まち幅約7cm
02 約縦14×横14cm、まち幅約7cm
03 約縦9×横13cm、まち幅約7cm

作り方→p.50

コスメやソーイング、ふだん使いや旅行時など、アイテムやシーン別にサイズを使い分けて。

引き手に飾り布をつけたファスナーは、底のほうから大きく開いて使いやすい。

内面は両側面にポケットをつけ、こまごました小物が整理できるようにした。

04 難易度 ★★☆

口側カーブで大きく開くコスメポーチ

インド刺しゅうリボンを中央にあしらい、印象的に仕上げた手のひらサイズのポーチ。まち幅8cmで、小ぶりながら収納力抜群！ パーツが少なく、裁断も縫製もあっという間なのも量産したくなるポイントです。
（Design：猪俣友紀さん）

ファスナーにつけた端布は、カットしたまち部分を使っている。

裏布もインド刺しゅうリボンのイメージで控えめな花柄をセレクト。

05 06 07 難易度 ★★☆

サイズ違い3種

表布の縦横のサイズを変えるだけでいろんな形が楽しめます。ミニは20cm、大と中は25cmファスナーを使用。まち幅は全て上の小と同じ8cm。小さくても思った以上の収納力で使い勝手抜群です。
（製作：COTTON TIME編集部）

ミニはキャンディ、中はコスメのミニボトルなど、大の横長はブラシ類を収納しても。

でき上がりサイズ
04　約縦7×横12cm、まち幅約8cm
05　約縦7×横16cm、まち幅約8cm
06　約縦9×横11cm、まち幅約8cm
07　約縦8×横8cm、まち幅約8cm

作り方 → p.51

小銭入れがオープンタイプで、ファスナーを閉めると小銭入れの入れ口も閉まるすぐれもの。

カーブにファスナーをつけるには、フラットニットファスナーがおすすめ。

08 09 10　難易度 ★★☆

L字ファスナーの
ミニ財布＆カードケース

L字形にファスナーをつけ、口が大きく開く仕様は、中身が見やすく取り出しやすいのが魅力です。小銭入れやお札ポケット付きにしたり、カードのみにしたり、サイズによって使いやすさを追求したデザインにアレンジしました。　　（Design：けーことんさん）

作り方参考動画はこちら
YouTube

縦をやや長くし、小銭入れをなくした。カードが10枚収納できるようにアレンジ。

横長にサイズアップし、小銭の収納スペースを本体に縫いとめてお札入れに。

でき上がりサイズ
08　約縦10×横21cm
09　約縦12×横13cm
10　各約縦10×横13cm

作り方 → p.52

⑪ ⑫ ⑬ 難易度 ★★☆
スケルトンポーチ

前面のPVCから裏布がチラ見えするデザインがおしゃれ。中身が見えて物を探す手間が省け、お気に入りの生地を使えば、使うたびに気分がアガること間違いなしです！ 単体で使うのはもちろん、セット使いもできるようにタブをつけました。　　　（Design：檀 礼子さん）

11/大　12/中　13/小

タブにピンやナスカンを通してまとめれば、バッグにつけたり、セットで持ち歩いたりできる。

色柄違いや、裏布の柄によって仕上がりの印象もがらりと変わる。いくつも作って楽しんで！

ダーツ入りだから、ハサミやメジャーなどかさばる小物も収納できる。

作り方Point解説はこちら
YouTube

でき上がりサイズ
11　各約縦11.5×横23cm
12　各約縦10×横19cm
13　各約縦9.5×横15cm

作り方→p.53

Part 1 POUCH & CASE

14 15 16 17 18 難易度：★★☆

スクエアなまち付きポーチ

パイピングや手まつりせずにくるっと表に返せば、中まできれいな仕上がりに。縦横のサイズやまち幅を変えると、いろんなサイズができ上がっておもしろい！入れたいものに合わせてアレンジ自在なのが魅力です。

（Design：うさんこチャンネルさん）

作り方参考動画はこちら
YouTube

縦長はペンケースに、スクエアはこまごまとしたマスキングテープなどの収納にしても。

14〜17　生地提供／エム・シー・スクエア（cotton+steel）

でき上がりサイズ
14　約縦14×横18cm、まち幅約 9 cm
15　約縦10×横11cm、まち幅約11cm
16　約縦14×横 7 cm、まち幅約 8 cm
17　約縦10×横11cm、まち幅約 8 cm
18　約縦10×横10cm、まち幅約 5 cm

作り方→p.54・55

ファスナーは20cmや30cmを使い、縦横を少し変更して、高さも幅も好きなサイズにカスタマイズ。旅行用のコスメポーチや、モバイルバッテリー用のポーチ、ペンや文具を入れたりサイズに合わせて使い分けて。

19 20 21 難易度 ★★☆
ピースワークポーチ

三角と四角の端ぎれをパッチワークしたポーチ。好きな柄でパッチすれば、どの面から見てもテンションが上がるポーチのでき上がり！ 小柄で薄めの生地が作りやすく、端ぎれ活用にももってこいの作品です。
（Design：平松千賀子さん）

でき上がりサイズ
19 約縦9×横18cm、まち幅約6.5cm
20 約縦7×横14cm、まち幅約7cm
21 約縦5×横10.5cm、まち幅約5cm

作り方 → p.56

ファスナーの長さは大きいほうから20cm、16cm、12cmを使用。キルト芯で形をしっかりキープ。

大きさに合わせて、手芸材料を入れたり、キャンディを入れたり。旅行時のアクセサリーケースにも◎。

持ち手付き フラップポーチ 22 23 24　難易度 ★★☆

花柄、レース、リボンのラブリーなポーチ。ダーツをつけてふっくらさせ、丸みを帯びたシルエットで甘さたっぷり。持ち手付きなので、そのまま持っても、バッグの持ち手にかけても使えます。
（Design：田中まみさん）

入れ子で映え写真を パチリ

持ち手の取り外しはボタンで、持ち手にボタンホールステッチをし、取り外しできるように。リボンには鍵用のナスカンを。中や大サイズはメジャーをつけてもよさそう。

22/大

23/中

24/小

でき上がりサイズ
22　約縦15×横22cm
23　約縦9×横19cm
24　約縦9×横12cm

作り方→p.57

10

㉕ ㉖ ㉗ 難易度 ★★☆
二つ折りケース

小はカード、中は通帳、大は母子手帳やお薬手帳、ノートを入れても。各パーツを作って重ねたら、周囲をぐるっとパイピングするだけなのであっという間に完成します。2段ポケットで仕分けができるのも優秀です。

（Design：田中まみさん）

25/大
26/中
27/小

上ポケットを花柄、下ポケットは無地にし、ポケット口がわかりやすいようにそれぞれ配色するのがポイント。

でき上がりサイズ（閉じた状態）
- 25　約縦15×横22cm
- 26　約縦12×横17cm
- 27　約縦8.5×横10.5cm

作り方→p.58

㉘ ㉙ ㉚ 難易度 ★★☆
救急セットポーチ

旅行先でケガをしてあわてた経験から、救急ポーチを発案。ファスナーの長さに合わせて3サイズ製作しました。小に薬、中に爪切りや綿棒、大に除菌シートなどを入れて。ビニールメッシュで中身が見えすぎないのも使い勝手のよさです。

（Design：田中まみさん）

ストラップでつなげば、大中小セットに。もちろん単品使いもOK。ファスナーの長さは大きいほうから20cm、16cm、12cmを使用。

28/大
29/中
30/小

でき上がりサイズ（閉じた状態）
- 28　約縦13×横21cm
- 29　約縦11×横17cm
- 30　約縦10×横13cm

作り方→p.55

Part 1 POUCH & CASE

31 32 33 難易度 ★★★
牛乳パック形小物入れ

牛乳パックの形が目を引く小物入れ。正面のビニール部分には、中身のアイテム名を書いた紙を入れて使います。コーヒーやお砂糖を入れれば、カフェタイムのお供にぴったり！ 形をきちっと出すためには、四隅をつまんでステッチを入れます。
（Design：榎本 愛さん）

33/小　32/中　31/大

でき上がりサイズ
- 31 約幅12×奥行12×高さ26.5cm
- 32 約幅8×奥行8×高さ20.5cm
- 33 約幅6×奥行6×高さ17cm

作り方 → p.60

1 ファスナーを開けたところ。直方体で見た目より容量が大きく、側面3面がパカッと開き、出し入れしやすい。2 小はペンケースにもぴったりなサイズ。3 背面はデニムや麻布を組み合わせてナチュラルテイストにまとめて。4 大は1ℓ、中は500㎖、小は200㎖の牛乳パックがちょうど入るサイズ。

12

34 35 36 難易度 ★★☆
オムレットポーチ

バナナオムレットの形にそっくりな、ユニークな形を再現したポーチ。手にしっくりとなじむ形が持ちやすくてペンケースにぴったり！ パーツごとに布を変えて、組み合わせを楽しめるデザイン。中・小サイズは無地とボーダーを合わせ、シックで大人っぽい雰囲気にまとめました。

（Design：菊池明子さん）

口布の長さいっぱいにファスナーを縫いつけて、開口部が大きく開くのが、ものの見つけやすさのポイント。

まるでお魚の口のように大きく開く、口がなんともキュート。口布と側面の曲線縫いは手縫いでもOK。

ファスナーの長さは大は40cmをカットして、中は20cm、小は16cmを使用。

でき上がりサイズ
34　各約縦8×横21cm、まち幅約8cm
35　縦7×横16cm、まち幅約5.5cm
36　縦5×横12cm、まち幅約4cm

作り方 → p.61

Part 1 POUCH & CASE　13

| 37 | 38 | 39 | 難易度 ★☆☆

オール出入り口ポーチ

中身が見えるだけでも便利なのに、「前後4辺のどこからでも開く」というデザインが画期的！ しかも、針と糸を使わず、スナップも工具もいらないタイプだから超簡単です。大はA5サイズのノートが、小はカードが入るサイズです。　　　（Design：樒 礼子さん）

37/大
38/中
39/小

1 パーツ2枚を違う色にしてもかわいい。縫い合わせていないので、複数作ってそのときどきの気分で組み合わせが楽しめる。**2** 片面ずつ上下、左右が開く仕組み。装飾がなくシンプルなぶん、PVCをきれいにカットするのが重要です。作り方ポイントをチェックして製作をスタートして。

でき上がりサイズ
37 約縦18×横24cm
38 約縦14×横20cm
39 約縦7.5×横10cm

作り方 → p.62

| 40 | 41 | 42 | 難易度 ★★☆

フリルポーチ

中央の切り替えとフリルが印象的なつけ衿風ポーチ。大は30cm、中は20cm、小は12cmファスナーを使用。バッグに入れて使いたい小・中は無地×小花柄でかわいく、そのまま持てる大はデニム×ストライプでクールなイメージにまとめました。

（Design：藤嶋希依子さん）

でき上がりサイズ
40 約縦24×横34cm
41 約縦16×横22.5cm
42 約縦9.5×横13cm

作り方 → p.62・63

42/小
41/中
40/大

1 大はタブレットケース、中はメイクポーチ、小はイヤホンケースにぴったり。**2** タブレット用の大サイズは裏布に接着キルト芯を貼ってクッション性をアップさせている。**3** 中・大サイズは仕切りポケット付き。迷子になりがちな小物の収納に便利。

43 44 45 難易度：★☆☆

メイク＆サニタリーポーチと ペンケース

フラップ付きのポーチは、大と中はマグネットホック、小のペンケースはベルトでとめる仕様。どれもスリムなデザインで、バッグの中でかさばらないのが優秀。縫製だけならどれも約1時間で作れるのもうれしいポイントです。　（Design：藤嶋希依子さん）

でき上がりサイズ
43　約縦13×横18cm
44　約縦12×横12cm
45　約縦16.5×横7cm

作り方→p.59（43・44）
　　　→p.58・59（45）

ワントーンの柄布と鮮やかなピンクの無地のバランスがお気に入り。大・中のメイク＆サニタリーポーチは底にダーツを入れて容量UP、小のペンケースは口側のカーブが取り出しやすさのこだわり。

Part 2 BAG

毎日持ちたい使えるバッグ

ちょっとそこまでから夕飯の買い出し、通勤通学や旅行用のバッグまで全55点。
ひとつのレシピをマスターしたら、サイズ違いもスイスイ作れちゃう！
お気に入りが見つかったら、サイズや生地を変えて作ってください。

46 47 48 難易度 ★★☆
おしゃれバッグインバッグ

バッグの中をすっきり整理整頓してくれるバッグインバッグ。機能性だけでなくそのまま持ってもおしゃれなデザインなら、さらにうれしいもの。丸みのある形が女性らしく、バッグから出してもかわいくて、近所へのお出かけバッグとしても使えます。

（Design：平松千賀子さん）

46/大

でき上がりサイズ
46 約縦15.5×横27cm、まち幅約5cm
47 約縦12×横22cm、まち幅約4.5cm
48 約縦11×横19cm、まち幅約3.5cm

作り方 → p.64

47/中
48/小

小さなバッグのときには、バッグインバッグも小さめに。大サイズと同様に外ポケット、ファスナーポケット付きで仕分け能力はそのままキープ。カーブのある側面とまちを縫い合わせるときは、でき上がり線をしっかり合わせて縫って。

1 必ず持ち歩きたいものを入れておいて、その日に使うメインのバッグに入れればOK。**2** 前後に外ポケットがあり使い勝手抜群。**3** 中についているタブにはナスカン付き。鍵やICカードケースをつけて使って。**4** 中・小サイズにも後ろ面にファスナーポケットあり。

16

| 49 | 50 | 51 | 難易度 ★☆☆

6枚はぎの
コロンバッグ

デニムのパーツを縫い合わせ、リメイクとは思えないおしゃれさ。裏布のモチーフ柄がチラ見えするのもポイントです。デニムは、綿100％が扱いやすくておすすめ。ストレッチ素材の場合は接着芯を貼ると縫いやすくなります。

（Design：手芸部hanacoさん）

でき上がりサイズ
49 約縦27×横33cm
50 約縦21×横27cm
51 約縦18×横24cm

作り方 → p.65

使ったのはこの部分

サイズダウンした中・小サイズ。中はデニムと柄布を交互に合わせ、布合わせを楽しんで。その分、裏布は無地をセレクト。小はデニム6枚をはぎ合わせて製作。

1 パーツを裁つときにサイドの縫い目をあえて入れ、デニムリメイク感を出している。2 ボウルみたいなボディは容量たっぷり、荷物がたくさん入る。持ち手をガバッと開くと、中身が一目瞭然。3 中・小サイズも、ちょっとそこまでにちょうどいいサイズ感。

作り方参考動画はこちら
YouTube

52 難易度 ★☆☆
フリル巾着バッグ

シャビーな色合いとやさしい雰囲気のデッドストックの花柄に、たっぷりなフリルが素敵です。バッグ側面のタグはイニシャルテープを使ってポイントに。口側から裏布がちらっと見えるデザインがおしゃれです。　（Design：猪俣友紀さん）

タブは表布と雰囲気の合うチロルテープを使ってアクセントに。

でき上がりサイズ
52　約縦28.5×横28cm
53　約縦40.5×横42cm
54　約縦33×横35cm

作り方 → p.66

52／小

53 54 難易度 ★☆☆
サイズ違い2種

フリル巾着バッグを少しサイズアップした中と、雑誌も余裕で入るビッグサイズに。大は肩から掛けられるように持ち手を60cmの長さにしました。　（製作：COTTON TIME編集部）

肩から掛けるとこんな感じ。

54／中

53／大

57/小

55/大

56/中

55 56 57 難易度 ★☆☆

ふっくら タックバッグ

三姉妹のような3サイズの小ぶりなバッグはお散歩にぴったり。荷物を入れると上下にたたんだタックが開く仕組みで、タックが開くとバッグのシルエットが変わり、かわいらしさがアップします。　（Design：komihinataさん）

底の大きさは、大と中は同じサイズ、小は幅は同じで長さを少し短くした。裏布に無地を使うと、中が見えやすく、すぐに目当てのものが見つけられる。

このボート形の底のおかげで底と側面が縫いやすく、少しずれても目立たない。

上下のタックは同じ幅でたたんで。タックは返し縫いだけでなく、糸端を結んでおくとほどけてこず安心。

でき上がりサイズ
55　約縦20×横28cm、まち幅約9cm
56　約縦14×横28cm、まち幅約9cm
57　約縦14×横24cm、まち幅約9cm

作り方 → p.67

リボンバッグ

58 難易度 ★☆☆

布合わせのしやすさ、かわいい見た目、収納力抜群と、量産必至のデザイン。脇にあきを作り、物の出し入れがしやすい工夫も使いやすさのポイントです。持ち手を長めに作り、リボンの形に結びました。

(Design：鈴木ふくえさん)

58/大

ブルーストライプで作るとさわやかなテイストに

59 リボンバッグの 85％縮小

85％縮小した中サイズはサブバッグとして重宝。どんな布合わせでも失敗知らずだが、全体の色のトーンを合わせるとよりまとまりがいい。

60 リボンバッグの 70％縮小

70％縮小の小サイズは、お財布とスマホを入れてお買い物のお供に。

59／中

60／小

61 リボンバッグの ミニサイズ

ぐっと小さくしたミニミニサイズは、まちたっぷりの18cm。ランチバッグやコンビニ用にぴったり。

61／ミニ

でき上がりサイズ
58 約縦42×横38cm、まち幅約12cm
59 約縦36×横32.5cm、まち幅約10cm
60 約縦29×横26.5cm、まち幅約8.5cm
61 約縦25.5×横18cm、まち幅約18cm

作り方 → p.68

横からのサイズはこんな感じ

62 63 64 難易度 ★★☆
スクールガール トートバッグ

スクール風のトートは、ふだん使い用、ランチ用、スマホ用と3サイズ展開。大と中は吊り下げポケット付き。小はバッグの持ち手にかけられるくわえカン付きの持ち手をつけました。

（Design：樫 礼子さん）

62/大A
63/中
64/小A

秋冬仕様はボアで作ってもかわいい♡

62/大B
64/小B

大と中についている吊り下げポケットは、浅めと深めの2段タイプで使いやすい。

でき上がりサイズ
62 各約縦27×横30cm、まち幅約12cm
63 約縦19×横28cm、まち幅約8cm
64 各約縦11×横14cm、まち幅約4cm

作り方→p.23-25

22

22 page 62 63 64
スクールガールトートバッグを作りましょう

寸法図

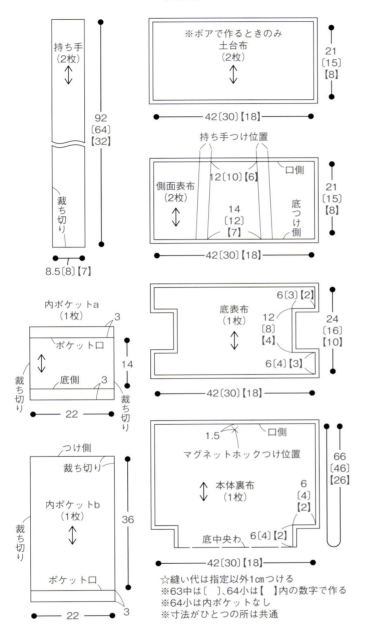

☆縫い代は指定以外1cmつける
※63中は〔 〕、64小は【 】内の数字で作る
※64小は内ポケットなし
※寸法がひとつの所は共通

材料 62/大B
側面表布用ボア110cm幅×30cm、底布・持ち手用8号帆布70cm×1m、土台布・裏布・内ポケット110cm幅×95cm、2.5cm幅テープ55cm、接着芯10×5cm、0.7cm径カシメ8組、1.4cm径マグネットホック1組。

材料 63/中
側面表布用11号帆布70×20cm、底表布・持ち手用8号帆布55×65cm、裏布・内ポケット85×50cm、2.5cm幅テープ55cm、接着芯10×5cm、0.7cm径カシメ8組、1.4cm径マグネットホック1組。

材料 64/小A
側面表布用11号帆布50×15cm、底表布・持ち手用8号帆布45×35cm、裏布25×30cm、接着芯10×5cm、0.7cm径カシメ8組、1cm径マグネットホック1組、くわえカン付き30cm持ち手1本。

あると便利な用具
ⓐ木ヅチ ⓑゴム板 ⓒ打ち台 ⓓ穴あけポンチ ⓔ打ち棒 ⓕクリップ

1 布を裁ち、接着芯を貼ります

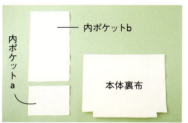

寸法図を参照し、指定の縫い代をつけて裁つ。側面表布用のボアの裁ち方は、下記のコツを参照。

コツ ▼

ボアの裏面は織り、または編み構造になっていて印がつけづらい。そのため、土台布を重ねてガイドにし、裁断するとラク。土台布は薄手でハリのあるものを。
※裏面の構造上、重ねた土台布はずれにくいが、ずれる場合はまち針などでとめる。

POINT

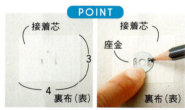

裏布のマグネットホックつけ位置に補強とほつれ止めの接着芯（4×3cm）を貼る。さらに、つけ位置に座金を重ね、足の通し位置に印をつける。

2 持ち手を作ります

持ち手を写真のように指定の寸法で折り、クリップでとめる。

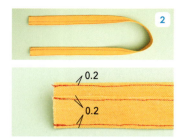

写真のように縫う。2本作る。

3 表袋を作ります

コツ

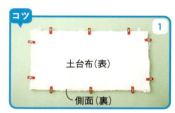

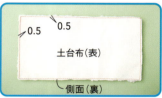

側面と土台布を外表に合わせてクリップでとめ、縫う。ボアは布が柔らかいため縫いずれしやすいが、土台布を縫いつけるとしっかりしてキレイに縫える。また、持ち手を側面に縫いつける際も安定感があり、問題なくつく。

コツ

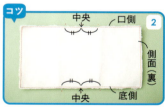

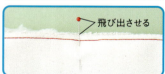

側面中央と持ち手つけ位置にまち針を打つ。打つときは頭側が飛び出すようにし、持ち手を側面につけるときの目印にする。

2で打ったまち針に合わせて持ち手を側面に重ね、クリップでとめる。

持ち手を本体に縫いつける。このとき、2-2の両サイドの縫い目と同じ位置を縫い、口側は2.5cm縫い残して、コの字に縫う。2枚作る。

4 1枚と底布を中表に合わせてクリップでとめ、底つけ側を縫う。

表に返し、縫い代を底側に倒してステッチをかける。

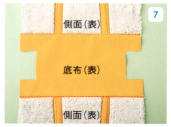

底布の反対側にもう1枚の側面を5・6と同様に縫う。

本体を中表に二つ折りにし、返し口を残して脇を縫い、まちを縫う。(**3**-8・9参照)

6 まとめます

表袋と裏袋を中表に合わせてクリップでとめ、口側を縫う。クリップは、まず脇を合わせてとめ、次に脇と脇の間を均等にとめるといい。

表に返して形を整え、口まわりにステッチをかける。このとき、裏袋側を見ながらかけるとやりやすい。返し口はとじる。

口側から1.5cm、持ち手の端から約0.6cmの所にカシメを打ち、持ち手を本体にとめる。

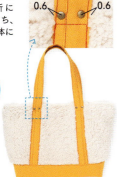

完成

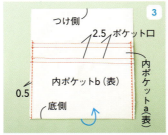

内ポケットbのポケット口を折り上げ、両脇を縫い、仮どめする。

3の両脇をテープ(各26cm)で挟んでクリップでとめ(底側はテープの端を1cm折り込む)、縫う。

5 裏袋を作ります

本体口側中央に内ポケットを重ねてクリップでとめ、口側の縫い代に仮どめする。

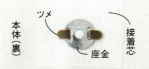

1でつけたマグネットホックの足の通し位置に切り込みを入れる。後ろ面はマグネットホックの凹を、前面は凸を表から通し、座金をはめて足を外側に折る(写真は後ろ面)。

7を中表に二つ折りにし、両脇を縫う。

脇の縫い代を片倒しにし、まちを縫う。

4 内ポケットを作ります

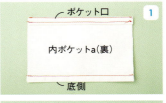

内ポケットaのポケット口と底側の縫い代を三つ折りにして縫う。

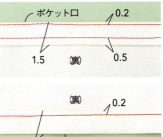

内ポケットbのポケット口も内ポケットaのポケット口と同様に三つ折りにして縫い、写真のように内ポケットaを重ねて底側を縫う。

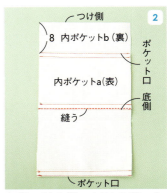

65 66 67 難易度 ★☆☆

たっぷりギャザーの
お散歩バッグ

まちなしのフラットバッグは初心者さんにも作りやすいデザイン。大は通勤通学に、中はワンマイルバッグに。エレガントなトワルドジュイの生地にたっぷりのギャザーを加えて格上げしたら、ふっくら愛らしいシルエットのでき上がりです。　（Design：鈴木ふくえさん）

でき上がりサイズ
65　約縦30×横52cm
66　約縦30×横42cm
67　約縦23×横42cm

作り方 → p.27-29

大サイズはA4サイズがすっぽり入る大きさ。

ギャザー入りでふっくらとした本体は見た目以上の広々スペース。厚みのある小物もすっきり収納できる。

肩に掛けるとこんな感じ。

中サイズは、横幅は小と同じで、縦を少し長く変更。さらに、肩から掛けられるように持ち手を長めに。USAコットンでカジュアルなテイストにまとめた。

66/中

26 page 65 66 67
たっぷりギャザーのお散歩バッグを作りましょう

1 各パーツをカットします

寸法図を参照し、指定の縫い代をつけて裁つ。口布と持ち手の裏に接着芯を貼る。

時短POINT ロータリーカッターを使い、重ねてカット！

本体

わにはアイロンを！ / 地の目を通してたたむ

布を二つ折りにし、前面・後ろ面の2枚を一気にカット。方眼定規やカッターボードの目盛りを使いこなせば、印をつけなくても。

持ち手・口布

両端はわを切り落とす感じ

先に持ち手を1枚ずつカット。次に写真のように布を四つ折りにし、口布4枚を一気にカットする。

印つけは…

カット後に方眼定規を使い、でき上がり線と中央・ギャザー止まりの合い印をつける（裏布は本体・口布ともに両面に合い印をつける）。

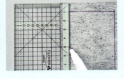

☆縫い代は指定以外 1cmつける
※ ▨ は接着芯を貼る
※ 65 大は印なし、66 中は〔 〕、67 小は【 】内の寸法で作る

寸法図

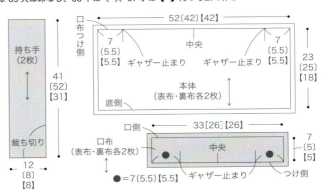

持ち手（2枚） 41（52）【31】 12（8)【8】 裁ち切り

口布つけ側 52（42）【42】 7（5.5）【5.5】 中央 ギャザー止まり ギャザー止まり 7（5.5）【5.5】 23（25）【18】 本体（表布・裏布各2枚） 底側

口側 33［26］【26】 口布（表布・裏布各2枚） 中央 ギャザー止まり つけ側 7（5）【5】 ●＝7(5.5)【5.5】

材料 65/大
本体表布110cm幅×30cm、本体裏布・口布・持ち手用布75×95cm、接着芯65×45cm、0.8cm径ボタン3個。

材料 66/中
本体表布95×30cm、本体裏布・口布・持ち手用布70×80cm、接着芯50×55cm、0.8cm径ボタン2個。

材料 67/小
本体表布95×25cm、本体裏布・口布・持ち手用布60×80cm、接着芯50×35cm、0.8cm径ボタン2個。

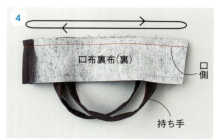

2と3を中表に合わせ、口側をぐるりと縫う。

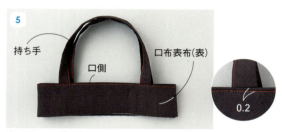

表に返して口まわりにステッチをかける。

4 本体を作ります

1

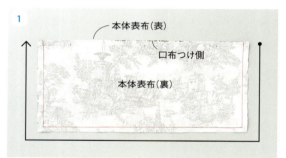

本体表布2枚を中表に合わせ、口布つけ側を残して縫う。縫い代は割る。本体裏布を同様に作る。

2

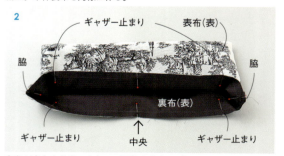

表布と裏布を外表に合わせ、両脇と中央、ギャザー止まりの8カ所をまち針でとめる。

2 持ち手を作ります

1

中央に向かって突き合わせにして折る。

2

さらに二つ折りにして縫う。2本作る。

3 口布を作ります

1

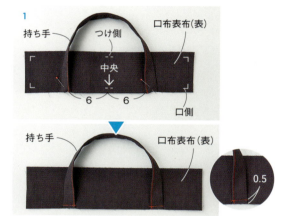

口布表布1枚に持ち手をまち針でとめ、仮どめする。同様にもう1枚作る。

ADVICE
持ち手はまち針でとめるだけでなく、ミシンで縫って仮どめすると、その後の工程でゆがんだりする失敗もなく仕上がりもきれい！

2

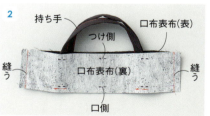

1を中表に合わせ、両脇を縫う。縫い代は割る。

3

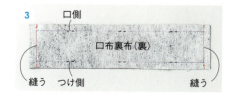

口布裏布2枚を中表に合わせ、両脇を縫う。縫い代は割る。

5 まとめます

1 表袋と口布表布を中表に合わせ、つけ側をぐるりと縫う。

2 口布裏布のつけ側の縫い代をアイロンで折る。

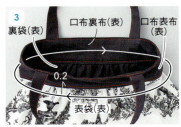

3 口布を表に返し、口布表布側を見ながらつけ側から0.2cmの所をぐるりと縫う。

4 口布表布の前面にボタンをバランスよく縫いつける。

5 仕上げに、目打ちで底側の角を出し、アイロンで整える。

完成

3 縫い目の長さは5.0mmに設定

縫い目を長くし、ギャザー止まりからギャザー止まりまで口布つけ側の縫い代に粗ミシンを2本かける。このとき、縫い始めと縫い終わりは返し縫いをせず、糸端は各約10cm残す。前面・後ろ面ともに縫う。

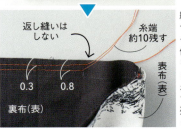

4 片側の下糸もしくは上糸を引き出し、2本一緒にひと結びしてとめる。

ADVICE
糸1本を持ち上げるように軽く引くと、下側の糸のわが少し引き出されて見えてくるので、それを引っぱり出せばひと結びできる。

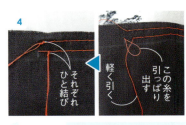

5 反対側の上糸もしくは下糸2本を一緒に引き、少しずつギャザーを寄せてひと結びしたほうへ送っていく。

ADVICE
糸は短めに持って少しずつ引くのがコツ。糸を長く持ったり、一度に強く引くと糸が切れてしまうので気をつけて。

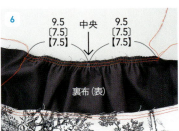

6 写真上を参照して指定の寸法に縮め、4と同様に結んでとめる。写真下は前・後ろ面ともにギャザーを寄せたところ。

68/大

69/小

68 69 難易度 ★★★
親子おそろいの ウエストポーチ

ヒッコリーとデニムの組み合わせが、アウトドアのお供にぴったり。タグとファスナーにつけたスエードテープを同色でまとめ、アクセントカラーにしています。さりげないおそろい感で、親子コーデを楽しんで！

（Design：*tieduer*さん）

でき上がりサイズ
68　約縦18×横26cm、まち幅約8cm
69　約縦16×横24cm、まち幅約6cm

作り方→p.70・71

1 前面のフラップポケットはポケットが膨らんでもフラップがとまるようにマジックテープの縫いつけ方にひと工夫。**2** 後ろ面はさっとものが入れられて便利な外ポケット付き。**3** 内側もポケットをつけ、縫い代はパイピング始末にした。パイピングまでの工程をていねいに仕上げておくと、失敗せずに仕上げられる。

30

70 71 72 73 ラミネート 2wayバッグ

難易度 ★★★

汚れを気にせず使えるラミネート生地の斜め掛けバッグ。グレーベースの大きなドット柄に裏袋の無地のブルーが印象的。荷物の量が減ったら、折りたたんで使えます。サイズダウンした下の3サイズのうち、ミニサイズは持ち手なしでショルダー使用のみです。

（Design：竹澤寛子さん）

70/大

3

73/ミニ
72/小

2

72/小

1

71/中

1 大をひと回り小さくした中は、ふだん使いにちょうどいいサイズ。2 小はお弁当箱と水筒も入り、ランチバッグにぴったり。3 ミニサイズはお財布とスマホをIN。旅行時のお供に両手があいて便利。

5

4

4 バッグを折りたたんで、口側につけたナスカンを底のタブの二重リングにとめるとコンパクトに。お出かけ先で荷物が増えたり減ったりすることもあるので、荷物に応じて使い分けられるように。5 スマホサイズの外ポケットが後ろ面に。

でき上がりサイズ
70 約縦36.5×横31cm、まち幅約9cm
71 約縦30.5×横27cm、まち幅約8cm
72 約縦23.5×横17cm、まち幅約7cm
73 約縦19.5×横12cm、まち幅約5cm

作り方→p.72・73

74 75 76 難易度 ★☆☆
ひらひらポシェット

均等にギャザーが寄ったひらひらのシルエットは、口まわりに使ったゴムのおかげ。自由自在の伸び縮みで、ものの出し入れがラクチンです。
（Design：うさんこチャンネルさん）

でき上がりサイズ
74　約縦22×横31cm
75　各約縦20×横14cm
76　各約縦13×横22cm

作り方→p.69

74／大

1 口側にドットボタンをつけ、口が大きく開いてしまうのをカバー。**2** かわいらしさと、使い勝手を兼ね備えたゴムのギャザー。

75／中

76／小

横幅を狭くすればスマホ用ポシェットに、全体を小さくしたらバッグインポーチに！ タブを長くしたら、持ち手にもなって便利。
生地提供／moda Japan（75：French General　76：BEST OF MORRIS）
4月発売

作り方参考動画はこちら

YouTube

ポップな柄で作れば、バッグを開けたときの楽しみにも。開閉がラクなので、キッズ用にもおすすめ。
生地提供／エム・シー・スクエア
（cotton＋steel）

77 /大

78 /中

79 /小

|77| |78| |79| 難易度 ★★☆
ドローストリング
スマホショルダー

収納力抜群で、スマホ以外にもいろいろ持ち歩きたい人向きのショルダーを3サイズでご提案。メイクポーチや手帳も入れるなら大サイズが安心。お出かけに最低限必要なものが入る中サイズ、メインバッグを別に持つなら、小サイズで十分。合皮はひもやストッパーにも使うので、薄手ですべりのいいものを選ぶのがポイントです。

（Design：永瀬さやかさん）

でき上がりサイズ
77 縦25×横16cm、まち幅約11cm
78 縦21×横15cm、まち幅約9cm
79 縦20×横12cm、まち幅約7cm

作り方 → p.74

口が大きく開き、見やすく取り出しやすい。メインスペースにはめがねやイヤホンなどもラクラク収納。後ろ面側はフラットポケット付き。

\ サイズの違いはこんな感じ /

Part 2
BAG
33

80 81 82 難易度 ★☆☆
お手玉風バッグ

風車状に布を配置し、お手玉みたいにまとめて立体的にしたバッグ。仕立てはびっくりするほど簡単で、長方形4枚を直線で縫い合わせるだけでOK。デザインのポイントは4枚の生地を変えること。デザインのおもしろさが引き立ちます。

（Design：菊池明子さん）

ひと手間加え、マグネットホックをつけて。内ポケットは手軽につけられるパッチポケット。

リバーシブルで使えます

80/大

でき上がりサイズ
80　約縦22.5×横32cm、まち幅約32cm
81　約縦18.5×横26cm、まち幅約26cm
82　約縦14.5×横16cm、まち幅約16cm

作り方 → p.75

食パン1斤がちょうど入る小サイズ。

82/小

81/中

中と小は形をしっかりさせるため、表布の裏に裁ち切りの片面接着キルト芯を貼っている。

34

83/大　84/中　85/小

[83] [84] [85] 難易度 ★★☆

レジ袋型エコバッグ

レジ袋の形をそのままエコバッグにしたこちら。左下の角にまとめるように収めると、イチゴ形になってとってもかわいい！　直線で縫いやすく、少ない材料で作れるのもポイント。ナイロン生地はまち針で生地に穴があいてしまうので、手芸クリップを使うのがおすすめです。　　（Design：橿 礼子さん）

でき上がりサイズ
83　約縦45×横36cm、まち幅約16cm
84　約縦39×横30cm、まち幅約14cm
85　約縦29×横24cm、まち幅約12cm

作り方 → p.76

バッグをたたんで巾着部分に収納。タグのアルファベットは、D（ドラッグストア）、S（スーパー）、C（コンビニ）の目印。行き先別で選べるように！

86/大

88/小

87/中

ノットバッグ

86 87 88 難易度 ★☆☆

大は表布や持ち手で布の組み合わせを楽しめます。中と小は1枚の柄でサクッと製作。特に、小は端ぎれ活用にもってこい！ あめちゃんを入れたり、お菓子を入れたりしてプレゼントしても喜ばれそう。あっという間にでき上がるから、色や柄を変えて次々に作りたくなること間違いなし！
（Design：うさんこチャンネルさん）

作り方参考動画はこちら YouTube

小

大

生地提供／エム・シー・スクエア（cotton＋steel）

1 小はお菓子を入れておすそわけしても。
2 短い持ち手に長い持ち手を通して持つ。結び目（ノット）ができたように見えるのでノットバッグと呼ばれている。

でき上がりサイズ
86 縦32×横22cm、まち幅約6cm
87 約縦20×横16cm、まち幅約2cm
88 各約縦10×横10cm

作り方 → p.77

89 90 91 筒形ボストンバッグ

難易度 ★★★

筒形のスポーティなボストンバッグ。大はメンズライクなテイストに、中は刺しゅう柄を使ってかわいらしく、小は水玉をメインにシンプルにまとめました。ふだん使いから通勤用、スポーツ観戦にも活躍しそう。小はペンケースやコスメのブラシを入れるのにもぴったりです。

（Design：*tieduer*さん）

でき上がりサイズ
89　約縦14×横34cm、まち幅約14cm
90　約縦11×横26cm、まち幅約11cm
91　約縦9.5×横21cm、まち幅約8.5cm

作り方 → p.78

89/大　90/中　91/小

1 大と中は内ポケット付き。2 縫い代はパイピング始末。側面とまちをきれいに縫い合わせておくのが仕上げやすさのカギ。3 大は両開きファスナーの引き手にカーキのスエードテープを。開けやすさとデザインのポイントに。

サイズ違いで並べて撮りたくなる　パチリ

92 93 94 しずくまちの ボストンバッグ

難易度 ★★★

たっぷり荷物が入る大サイズは旅行や帰省に大活躍。布の面積が広いので、無地を多くしてシンプルにまとめて。ふだん使いに重宝する中サイズは、やさしい印象のフルーツ柄をセレクト。布の面積が小さい小サイズはかわいい小花柄でコーデのポイントになる布づかいにしました。

（Design：長谷川久美子さん）

でき上がり：
- 92 約縦31×横50cm、まち幅約23cm
- 93 約縦21×横35cm、まち幅約16cm
- 94 約縦14.5×横23cm、まち幅約11cm

作り方→p.39-42

材料 94/小 側面表布60×20cm、まち表布a・まち表布b・まちポケット表布60×20cm、底表布30×15cm、裏布60×40、片面接着キルト芯60×40cm、2cm幅両折りバイアステープ1m、当て革付き長さ30cm持ち手1組、20cmファスナー1本、2cm幅綾テープ10cm、ショルダーひも・タブ用2cm幅テープ1.5m、2cm幅Dカン2個、2cm幅ナスカン2個、2cm幅送りカン1個。

材料 93/中 側面表布80×30cm、まち表布a・まち表布b・まちポケット表布85×30cm、外ポケット表布40cm四方、底表布40×20cm、裏布110cm幅×1m、片面接着キルト芯85×55cm、飾り布10cm四方、2cm幅両折りバイアステープ1.3m、当て革付き長さ40cm持ち手1組、32cmファスナー1本、2cm幅綾テープ10cm、ショルダーひも・タブ布用2.5cm幅テープ1.5m、2.5cm幅Dカン2個、2.5cm幅ナスカン2個、2.5cm幅送りカン1個、25番刺しゅう糸。

材料 92/大 側面表布110cm幅×40cm、まち表布a・まち表布b・まちポケット表布90×50cm、外ポケット表布110cm幅×25cm、底表布55×25cm、裏布110cm幅×1.5m、片面接着キルト芯85×105cm、2cm幅両折りバイアステープ2m、47cmファスナー1本、2cm幅綾テープ10cm、持ち手・ショルダーひも・タブ用3cm幅テープ3.9m、3cm幅Dカン2個、3cm幅ナスカン2個、3cm幅送りカン1個、1.5cm径底鋲4個、25番刺しゅう糸。

38 page 92 93 94

しずくまちのボストンバッグを作りましょう

実物大型紙は **D** 面

※数字が3つあるものは、
■が中サイズ
■が大サイズ
■が小サイズの寸法です。

※本体裏布は長辺に、まち裏布は全体に布の表側にも印をつけておく。☆縫い代は指定以外1cmつける。

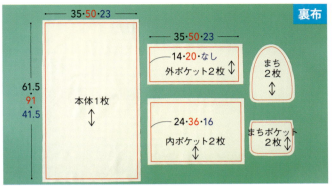

裏布

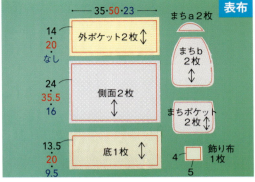

表布

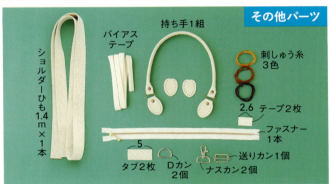

その他パーツ

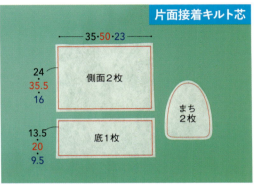

片面接着キルト芯

5

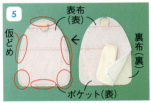

表布と裏布を外表に合わせ、ポケットを重ねて仮どめする。2枚作る。

2 ファスナーを準備します

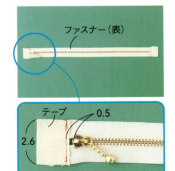

ファスナーの両端に2cm幅テープを重ねて縫いとめる。

3

表布a・bを中表に合わせて縫う。

4

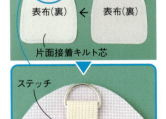

表に返して縫い代を表布b側に倒し、片面接着キルト芯を貼る。折り山にステッチをかける。

1 まちを作ります

1

ポケット表布・裏布を中表に合わせてポケット口を縫う。表に返してステッチをかける。

2
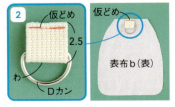

2.5cm幅テープを二つ折りにしてDカンを通し、仮どめしてタブを作る。タブを表布bに仮どめする。

4 本体裏布を作ります

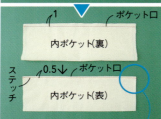

内ポケットを中表に二つ折りにしてポケット口を縫う。表に返してポケット口にステッチをかける。2枚作る。

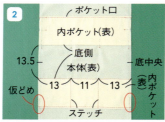

内ポケット2枚を本体に重ねてまち針でとめ、底側を縫う。仕切りのステッチをかけ、両脇を仮どめする。

各パーツができました

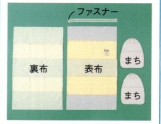

ここまで準備できたらあとは一気に仕上げるだけ！

側面と底を中表に合わせて縫う。

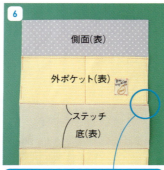

もう1枚の側面も同様にして底と縫い合わせる。縫い代は底側に倒してステッチをかける。

---

3 本体表布を作ります

飾り布に好みの刺しゅうをする。縫い代を折る。

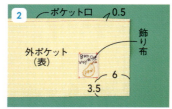

外ポケット表布・裏布を中表に合わせてポケット口を縫い、表に返してステッチをかける（1-1参照）。2枚作り、1枚に飾り布を縫いとめる。

側面と底の裏に片面接着キルト芯を貼る。側面2枚、底1枚作る。

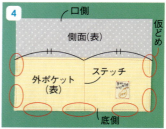

側面に外ポケットを重ねて中央に仕切りのステッチをかけ、仮どめする。2枚作る。

まっすぐ縫うコツ

マスキングテープを貼り、テープの端に沿って縫うとまっすぐ縫える。テープの左右どちらを縫うか忘れないために、まち針をとめておくと間違い防止になります！

40

5 本体を作ります

1

表布とファスナーを中表に合わせて縫う。

2
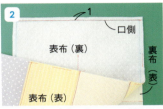
表布と裏布を中表に合わせて口側を縫う。

3

表に返して口側のきわにステッチをかける。

4
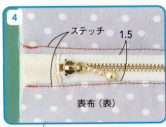

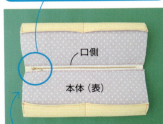

横から見ると　反対側も同様に縫い、ステッチをかける。

大サイズの持ち手の場合
荷物がたくさん入って重たくなる可能性の高い大サイズは、持ち手をしっかり縫いとめると安心。

1

3cm幅テープ 116cm　2本作る

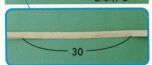
30

持ち手を二つ折りにして中央を縫う。

2

側面(表)　外ポケット(表)　14　15　26

p.40の〈3 本体表布を作ります〉を参照して表布を作り(飾り布はなし)、外ポケットを仮どめしたあと持ち手を縫いとめる。

ポケット口をパイピングする場合
キルティング地など厚みのある布を使うと縫い代がごろつくので、布端はパイピング処理するのがおすすめ。

1

2cm幅両折りバイアステープ(裏)　ポケット表布(表)　ポケット裏布(裏)

ポケット表布(表)　1

ポケット表布・裏布を外表に合わせる。ポケット口にバイアステープを中表に合わせて縫う。

2

バイアステープ(表)　ポケット裏布(表)

バイアステープ(表)　ポケット表布(表)

バイアステープを表に返し、布端をくるんで縫いとめる。

ボトルケースをつける場合
大サイズについているボトルケースは裏布ができ上がったところでつけておく。

1
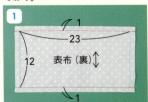
1　23　12　表布(裏)　1

ステッチ　表布(表)

表布と裏布を中表に合わせて長辺を縫う。表に返してステッチをかける。

2
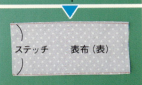
わ　ボトルケース(表)　内ポケット底側　仮どめ　2　本体裏布(表)

二つ折りにして裏布の脇に仮どめする。

底鋲をつける場合
底鋲は表布ができ上がったところでつける。床にバッグを置いた際の汚れ防止に。

1

底鋲　穴をあける　表布(表)

表布の底鋲をつけたい位置の裏に力布のフェルトを貼り、穴をあける。底鋲を差し込む。

2

フェルト(目隠し)　表布(裏)　フェルト(力布)　ワッシャー　底鋲の足　表布(裏)

底鋲の位置

大サイズ・底鋲つけ位置　3.5　3.5　4.5　4.5
中央と四隅の5カ所につける

ワッシャーの穴に底鋲の足を通して左右に開く。目隠しのフェルトを重ねてボンドで貼る。

6 まとめます

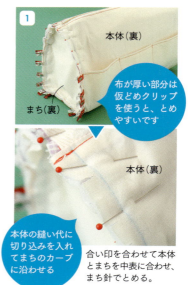

布が厚い部分は仮どめクリップを使うと、とめやすいです

本体の縫い代に切り込みを入れてまちのカーブに沿わせる

合い印を合わせて本体とまちを中表に合わせ、まち針でとめる。

本体とまちを縫い合わせる。まちを下にし、本体側を見ながら縫う。

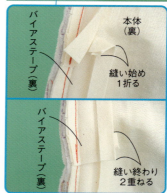

本体側の縫い代にバイアステープを中表に合わせて縫いとめる。

7 ショルダーひもを作ります

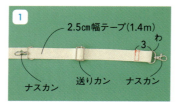

2.5cm幅テープの端をナスカン、送りカン、ナスカンの順に通し、端を1cm→3cmの三つ折りにして縫いとめる。

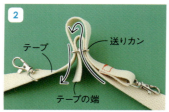

反対側のひもの端を矢印のように送りカンに通す。

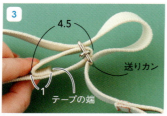

写真のように端を折り、縫いとめて完成。

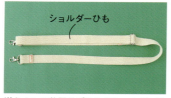

送りカンの位置をずらしてショルダーひもの長さを調節する。

荷物が多いときはショルダーひもをつけて斜め掛けすると便利です

ファスナーは開けておく

バイアステープを表に返し、縫い代をくるんでまちにまつる。反対側も同様に作る。

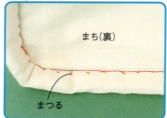

表に返して形を整える。

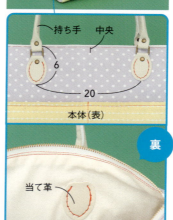

持ち手を縫いとめる。

出来上がり

Part 3 INTERIOR & ACCESSORIES

かわいい インテリア小物 & 便利グッズ

ポーチやバッグ以外のアイテムも、大中小で作ると、
目にするたびにテンションUP！
毎日の生活に彩りを添えてくれる
キュートなアイテムをご紹介します。

95 96 97 難易度 ★★☆
仲良し親子のベア

ベアのおなかにパターンをあしらい、インテリアとしてもおしゃれにかわいく飾れるように。形をしっかり保つポイントは、しっかりとわたを詰めること。レースとリボンでおめかしも忘れずに！　ママとお姉ちゃん、弟の仲良し親子のでき上がりです。　（Design：高橋久絵さん）

1 手足はボタンで縫いとめ、自由に動かせる仕組み。**2** ドレスデンプレートのパターンは本体と同色系でも少し濃い色で目立つように配色。色柄を工夫するとかわいらしくも、大人っぽくもなる。

95/大　97/小　96/中

できあがりサイズ
95 全長約26cm
96 全長約21cm
97 全長約15cm

作り方→p.80・81

Part 3 INTERIOR & ACCESSORIES　43

98 99 100 難易度：★☆☆

お花の小物入れ

立体的なお花の形がとってもかわいい小物入れ。ダイニングでならキャンディやティーバッグ、玄関なら鍵や印鑑、寝室ならアクセサリーを入れて。どんな場所で使ってもインテリアを華やかに彩ってくれます。 （Design：髙澤さち子さん）

でき上がりサイズ
98　約直径11×高さ5.5cm
99　約直径9×高さ4.5cm
100　各約直径6×高さ3cm

作り方 → p.71

1 花びらに底をまつる際、印どおりにまつらないと花びらの高さが変わってしまうので要注意。2 内底に動物柄を配して。かわいさのなかにアンティークな色や柄を使い、飽きのこない雰囲気に。

101 102 103 難易度 ★★☆
オーバルバスケット

底が楕円形のバスケットには、持ち運びしやすい短めの持ち手付き。大・中サイズはウサギ柄と水玉で全体的にやさしい雰囲気にまとめました。テーブルまわりのリネンや子供のおもちゃ、コスメなどの収納に役立ちそう。

（Design：鈴木ふくえさん）

楕円形の底と側面を縫い合わせる際は、底を下、側面を上にして、側面を見ながら縫う。底のでき上がり線に合うよう、側面の縫い代に切り込みを入れながらまち針でとめるのがポイント。

でき上がりサイズ
101 約底短径20.5×長径29cm、高さ約16cm
102 約底短径13.5×長径21.5cm、高さ約13cm
103 約底短径11×長径17.5cm、高さ約10.5cm

作り方→p.82・83

小サイズは、テーブルの上でもジャマにならない。ティーセットを収納したり、お菓子やパンを入れたりしてもOK。

104 105 106 難易度 ★★☆

PVCチケット＆カードホルダー

イベントなどの大切なチケットがバッグの中で行方不明にならないように専用のホルダーがあると便利。すぐに提示できるよう、前面は透明なPVCの窓付きに。PVCを縫う際は、両面テープで仮どめしておくのがおすすめ。

（Design：藤嶋希依子さん）

1・2 後ろ面にはカードが入るポケット付き。ICカードや名刺、ポイントカードなどを入れられる。ポケット口にチラリと見える裏布がアクセント。

104/大

106/小　105/小

ネームホルダーの横長は首から掛けられるようにストラップを長めに。通勤通学用のICカードケースはバッグにつけるのを想定してストラップを短めにした。

でき上がりサイズ
104 約縦21.5×横10cm
105 約縦7.5×横10.5cm
106 約縦10.5×横7.5cm

作り方→p.79

107 108 難易度 ★☆☆

携帯スリッパ&収納ケース

学校行事の際に役立つのが携帯用のスリッパ。数年間は使うので、せっかくならお気に入りの生地で手作りしてみては？ ママ用は甲に柄布、かかとにアクセントカラーを使用し、パパ用はその逆に。かかとに柄布なら履いているときは隠れるので、男性でも気軽に使えます。　（Design：藤嶋希依子さん）

1 外底はフェイクレザーを使用。雨の日は校内の床がぬれていたり、汚れたりすることも。フェイクレザーならさっと拭き取れるのでお手入れも簡単。
2 スリッパを二つ折りにして巾着に収納すれば、持ち運びに便利。

でき上がりサイズ
107 （スリッパ）約27cm、（収納ケース）約縦26×横15cm、まち幅約5cm
108 （スリッパ）約24cm、（収納ケース）約縦20.5×横13cm、まち幅約5cm

作り方 → p.84

109 110 111 難易度 ★★☆

大きさ自在な衣装ケース

大サイズには衣類、中サイズには靴、小サイズには下着を入れて。しわになりにくく丈夫なナイロンオックスを使えば、耐久性も安心。ファスナーをハサミでカットできるものにすれば、入れたいものに合わせたサイズにアレンジして作れます。　（Design：中野葉子さん）

1 ハンガーに掛けられる持ち手付き。荷物から出すときや、ファスナーの開閉時にも便利。2 収納量に合わせてまちが変化。

でき上がりサイズ
109 約縦44×横30cm
110 約縦37×横23cm
111 約縦27×横18cm

作り方 → p.85

Part3 INTERIOR & ACCESSORIES　47

大サイズの底面は10.5cm四方。小サイズの底面は約7cm四方。

112 /大
114 /小

リボンの結び方

リボン2本を片方のハトメに通す。

リボン2本をもう片方のハトメに通す。

リボンを蝶結びにする。

112 **113** **114** 難易度 ★☆☆

ギフトBOX風小物入れ

ちょっとしたお菓子が入るキュートな小物入れ。リボンは飾りではなく平面上の本体を引き上げ、四角く形づくる役目を果たしています。本体に貼る接着芯は厚手にすると立ち上がりもよく、アーチ状のきれいなシルエットになります。（Design：菊池明子さん）

113 /中

中サイズの底の寸法は約8cm四方。ちょっとしたプレゼントが、心のこもったプレゼントに格上げされます。

でき上がりサイズ（開いた状態）
112　約縦41.5×横34cm　　113　各約縦31×横26cm　　114　約縦28×横23.5cm

作り方 → p.86

48

how to make

作品の作り方

- 作り方イラスト内の数字の単位はcmです。
- 布の用尺で○×○cmと記載されているものは、横（幅）×縦です。
- 用尺は多めに設定しています。
- 材料は特に記載のない限り、1個分です。
- 作り方ページに「実物大型紙」と表示されている作品は、一部、または全てのパーツを綴じ込みの実物大型紙を使って作ります。表示がない作品は、パーツが直線か丸でできているので型紙がありません。解説図内の寸法を見てご自身で型紙を作るか、布に直接線を引いてご用意ください。
- 作り方内にいくつか寸法が記載されているものがあります。作りたいサイズによって寸法が違うので、表示を確認して製作してください（下記参照）。

型紙がなく寸法で表記されているサイズの見方

右上に記載されている 材料のサイズ がイラストで解説されているサイズです。
そのほかの大きさは ※印の表記 を参照してください。

8 page ⑭ ⑮ ⑯ ⑰ ⑱
スクエアなまち付きポーチ

難易度 ★★☆

材料　表布55×25cm、裏布55×25cm、
18/ミニ　cm、タブ布10cm四方、20cmファス

※ 14特大は〔 〕、15大は【 】、16中は《 》、17小は（ ）内の寸法で作る。　◀◀◀ 左の表記の場合は

寸法の何もついていない数字は右上の材料表記、18のミニサイズの寸法です。
〔33〕は⑭特大サイズ、【23】は⑮大サイズ、《23》は⑯中サイズ、
（23）は⑰小サイズの寸法です。

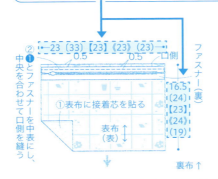

数字がひとつの場合は、各サイズ共通です。

6.4　7　1.6
外表に四つ折りにして縫う

4 page 01 02 03 リボンのぷっくりギャザーポーチ

難易度 ★★★

※02 中は〔 〕、03 小は【 】内の寸法で作る

実物大型紙は **A**面

材料 01/大
前側面表布・まち表布・裏布・内ポケット・4cm幅バイアス布110cm幅×60cm、後ろ面表布・リボン本体表布・リボン中央布・飾り布75×25cm、接着芯90×40cm、0.5cm幅ゴムテープ50cm、30cmファスナー1本。

☆縫い代は指定以外1cmつける

1 各パーツを作ります

<内ポケット>
①ポケット口を三つ折りにして縫う
②タックをたたみ、仮どめする
③ポケット口にゴムテープを通し、仮どめする

ゴムテープ 23〔17〕【15.5】 ●2個作る

<リボン>
①中央布を三つ折りにする
中央布(裏)
裁ち切り
8.5〔5〕【4.6】
12〔9〕【6】
2.5
3

②本体を作る
⑦裏布に接着芯を貼る
本体表布(表)
本体裏布(裏)
切り込み
④表布と裏布を中表に合わせ、上下を縫う
⑤表に返す

2 本体を作ります

<前・後ろ側面>
①表布を作る
⑦タックをたたみ、仮どめする
⑦リボンを仮どめする
リボン表布(表)
前側面(表)

②裏布を作る
⑦接着芯を貼る
④タックをたたみ、仮どめする
⑦内ポケットを仮どめする
前側面(表)
内ポケット(表)

③表布と裏布を外表に合わせ、所々、仮どめする
④合い印の間をぐし縫いする
前側面表布(表)
前側面裏布(裏)
※後ろ側面は同様に作る（リボンはなし）

3 まとめます

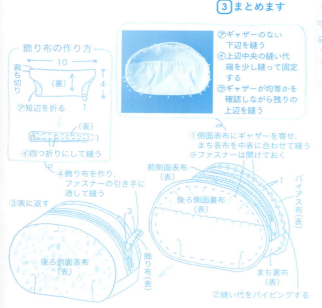

⑦ギャザーのない下辺を縫う
④上辺中央の縫い代端を少し縫って固定する
⑦ギャザーが均等かを確認しながら残りの上辺を縫う

①側面表布にギャザーを寄せ、まち表布を中表に合わせて縫う
※ファスナーは開けておく

飾り布の作り方
10
4
裁ち切り
(裏)
1
⑦短辺を折る
(表)
④四つ折りにして縫う

③表に返す
④飾り布を作り、ファスナーの引き手に通して縫う
後ろ側面裏布(表)
バイアス布(表)
前側面表布
後ろ側面表布(表)
飾り布(表)
まち裏布(表)
②縫い代をパイピングする

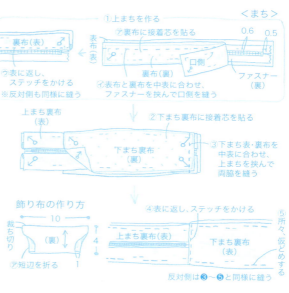

<まち>
①上まちを作る
⑦裏布に接着芯を貼る
裏布(表)
表布(裏)
0.6 0.5
口側
ファスナー(裏)
④表に返し、ステッチをかける
※反対側も同様に縫う
⑦表布と裏布を中表に合わせ、ファスナーを挟んで口側を縫う

②下まち裏布に接着芯を貼る
上まち裏布(表)
下まち裏布(裏)

③下まち表・裏布を中表に合わせ、上まちを挟んで両脇を縫う

飾り布の作り方
10
4
裁ち切り
(裏)
1
⑦短辺を折る
上まち裏布(表)
下まち裏布(表)
④表に返し、ステッチをかける
⑤所々、仮どめする
反対側は❸〜❺と同様に縫う

材料 03/小
前側面表布・まち表布・裏布・内ポケット・4cm幅バイアス布110cm幅×45cm、後ろ面表布・リボン本体表布・リボン中央布・飾り布55×15cm、接着芯75×15cm、0.5cm幅ゴムテープ35cm、20cmファスナー1本。

材料 02/中
前側面表布・まち表布・裏布・内ポケット・4cm幅バイアス布110cm幅×60cm、後ろ面表布・リボン本体表布・リボン中央布・飾り布60×20cm、接着芯75×25cm、0.5cm幅ゴムテープ40cm、25cmファスナー1本。

5 page 04 05 06 07 口側カーブで大きく開くコスメポーチ

難易度：★★☆

実物大型紙はA面

材料 04/小
表布25×30cm、裏布・4cm幅パイピング布35×30cm、接着芯25×30cm、5cm幅リボン25cm、20cmファスナー1本。

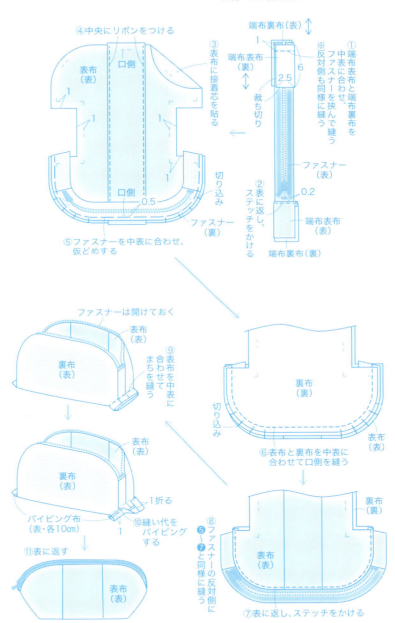

材料 07/ミニ
表布20×30cm、裏布・4cm幅パイピング布35×30cm、接着キルト芯30×20cm、3cm幅リボン30cm、20cmファスナー1本。

材料 06/中
表布25×30cm、裏布・4cm幅パイピング布35×30cm、接着キルト芯30×25cm、5.5cm幅リボン30cm、25cmファスナー1本。

材料 05/大
表布30cm四方、裏布・4cm幅パイピング布35×30cm、接着キルト芯30×25cm、4.5cm幅リボン25cm、25cmファスナー1本。

6 page 08 09 10
L字ファスナーの ミニ財布＆カードケース

実物大型紙は **A** 面

難易度 ★★☆

材料 10/小 (1個分)

外面35×15cm、内面・小銭入れ45cm四方、接着芯50cm四方、30cmフラットニットファスナー1本。

※ 08 大は〔 〕内の寸法で作る

☆縫い代は指定以外1cmつける

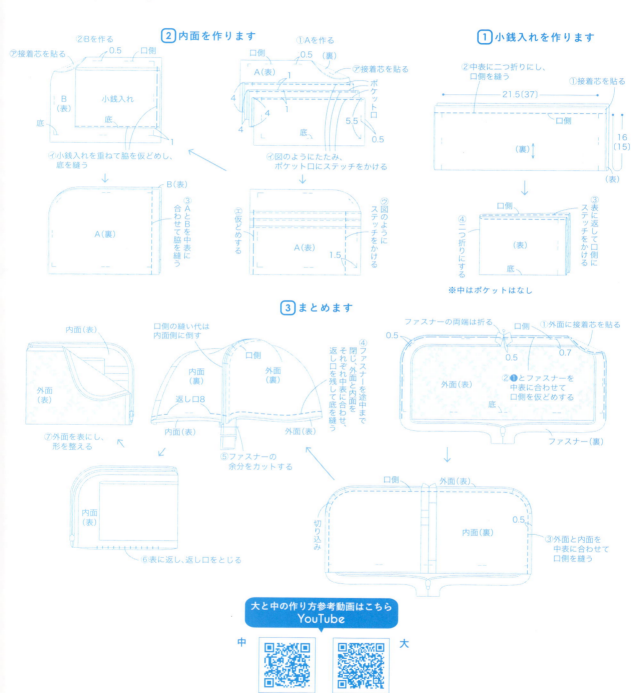

材料 09/中
外面35×15cm、内面・ポケット60cm四方、接着芯90×55cm、35cmフラットニットファスナー1本。

材料 08/大
外面50×15cm、内面・小銭入れ65×40cm、接着芯70×45cm、35cmフラットニットファスナー1本。

7 page ⑪ ⑫ ⑬ スケルトンポーチ

難易度 ★★☆

実物大型紙は**A**面

材料 11/大
前面a用PVC25×10cm、前面b・前面d・後ろ面表布用8号帆布55×25cm、前面c用デニム地30×10cm、後ろ面裏布30×20cm、タブ布・飾り布用革10cm四方、20cmファスナー1本、2cm幅リボン1.2m、2.5cm幅リボン50cm、0.7cm径カシメ1組。

☆縫い代は指定以外1cmつける

1 前面と後ろ面を作ります

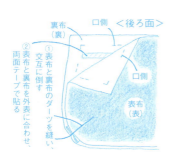
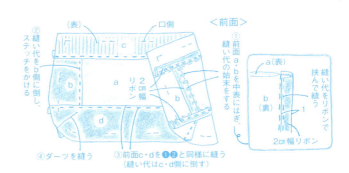

2 まとめます

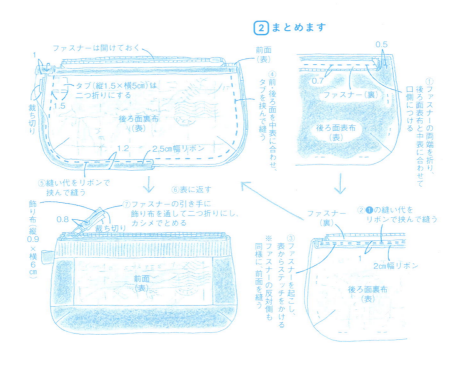

材料 13/小
前面a用PVC15×10cm、前面b・前面d・後ろ面表布用8号帆布40×15cm、前面c用デニム地20×10cm、後ろ面裏布20×15cm、タブ布・飾り布用革10cm四方、12cmファスナー1本、2cm幅リボン1m、2.5cm幅リボン40cm、0.7cm径カシメ1組。

材料 12/中
前面a用PVC20×10cm、前面b・前面d・後ろ面表布用8号帆布50×15cm、前面c用デニム地25×10cm、後ろ面裏布25×15cm、タブ布・飾り布用革10cm四方、16cmファスナー1本、2cm幅リボン1.1m、2.5cm幅リボン45cm、0.7cm径カシメ1組。

8 page ⑭⑮⑯⑰⑱ スクエアなまち付きポーチ

材料　表布55×25cm、裏布55×25cm、接着芯55×25cm、タブ布10cm四方、20cmファスナー1本。
⑱/ミニ

難易度 ★★☆

※ ⑭特大は〔　〕、⑮大は【　】、⑯中は《　》、⑰小は（　）内の寸法で作る。

☆全て裁ち切り

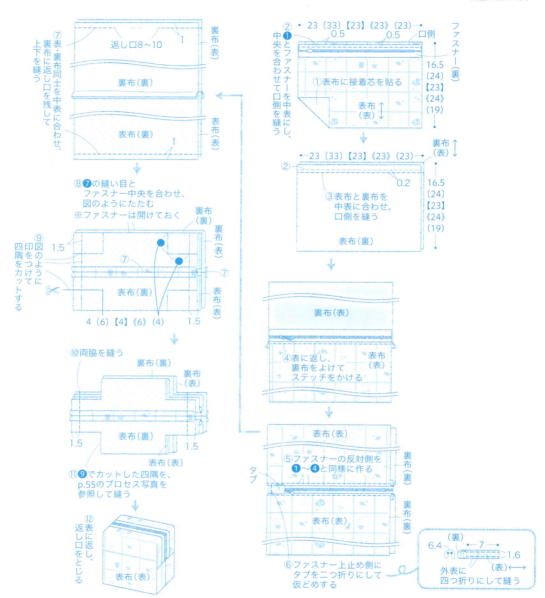

材料 ⑯/中
表布55×30cm、裏布55×30cm、接着芯55×30cm、タブ布10cm四方、20cmファスナー1本。

材料 ⑰/小
表布55×25cm、裏布55×25cm、接着芯55×25cm、タブ布10cm四方、20cmファスナー1本。

材料 ⑭/特大
表布70×30cm、裏布70×30cm、接着芯70×30cm、タブ布10cm四方、30cmファスナー1本。

材料 ⑮/大
表布55×30cm、裏布55×30cm、接着芯55×30cm、タブ布10cm四方、20cmファスナー1本。

54

11 page ㉘ ㉙ ㉚
救急セットポーチ

実物大型紙は **B** 面

難易度：★★☆

材料
28/大
29/中
30/小
のセット

前面a・前面c・後ろ面用ラミネート地3種各30cm四方、前面b用ビニールメッシュ地30cm四方、ストラップ用ラミネート地5×25cm、留め布用革5×10cm、20cm・16cm・12cmファスナー各1本、0.7cm幅リボン1.1m、0.4cm径ハトメ6組、1.5cm幅革テープ15cm、1.5cm幅Dカン3個、1.5cm幅綿テープ20cm、0.9cm径カシメ1組、1.5cm幅ナスカン1個。

作り方ポイント

1. 前面aにハトメをつける。
2. 前面a・b・cを中表にはぎ合わせる。
3. 縫い代をa側、c側に倒してステッチをかける。
4. 前面とファスナーを中表に合わせて縫い、表からステッチをかける（ファスナーの端は折る）。反対側も同様にして後ろ面をつける。
5. 革テープ（4cm）にDカンを通して二つ折りにし、タブを作る。
6. 前面と後ろ面を中表に合わせ、片脇にタブを挟んで両脇と底側を縫う。
7. 表に返して 1 のハトメにリボン（35cm）を通して結ぶ。3つのサイズのポーチを同様に作る。
8. ストラップ布の長辺を折り、綿テープ（20cm）に重ねて縫い、二つ折りにする。留め布にナスカンを通し、ストラップの端を挟んでカシメでとめる。

縫い方ポイント

ビニールを縫うときは、テフロンの押さえを使い、ミシンテーブルにマスキングテープを貼ってすべりやすくするとスムーズ。さらにテープを針から1cmの位置に貼ると、縫い代1cmの目印になる。

脇の縫い方POINT解説

1カ所ずつ四隅を縫う。表布を開き、縦中央（★）と脇の縫い目を合わせる。

裏布を開き、表布と同様に縦中央（★）と脇の縫い目を合わせる。

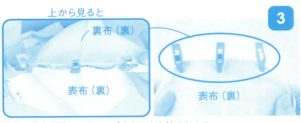

表布と裏布を重ねてクリップまたはまち針でとめる。

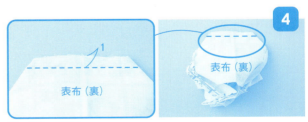

縫い代1cmで縫う。

残りの3カ所も同様に縫う。

難易度 ★★☆

9 page ⑲⑳㉑ ピースワークポーチ

実物大型紙は **A** 面

材料 20/中
ピースa 8種各10cm四方、ピースb 2種各10cm四方、裏布20×25cm、接着キルト芯20×25cm、16cmファスナー1本。

☆縫い代は0.7cmつける

② 本体を作り、まとめます

① 表布を作ります

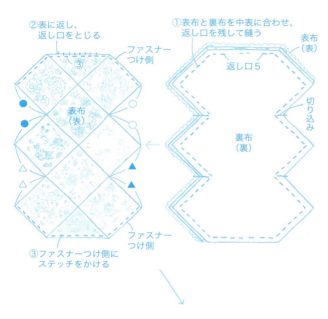

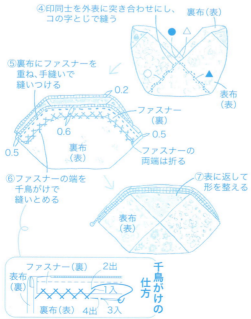

材料 19/大
ピースa 8種各10cm四方、ピースb 2種各15×10cm、裏布25×35cm、接着キルト芯25×35cm、20cmファスナー1本。

材料 21/小
ピースa 8種各10cm四方、ピースb 2種各10cm四方、裏布20cm四方、接着キルト芯20cm四方、12cmファスナー1本。

56

10 page ㉒ ㉓ ㉔ 持ち手付きフラップポーチ

実物大型紙は **B** 面

難易度 ★★☆

※ 22 大は〔 〕、23 中は【 】内の寸法で作る

材料 24/小
本体表布・持ち手25×35cm、ふた表布15cm四方、裏布50×15cm、接着キルト芯50×15cm、薄手接着芯30×10cm、1cm幅レース25cm、1cm幅リボン25cm、0.6cm幅リボン30cm、0.9cm幅ナスカン1個、1.1cm径ボタン1個、1cm径マグネットホック(縫いつけタイプ)1組。

☆縫い代は指定以外1cmつける

② 表袋と裏袋を作ります

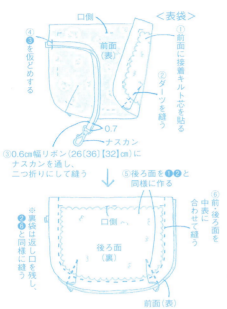

① 各パーツを作ります

③ まとめます

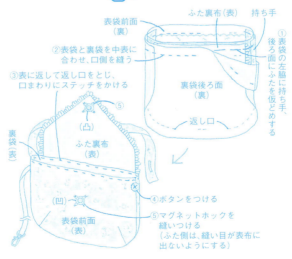

材料 23/中
本体表布・持ち手30×40cm、ふた表布25×15cm、裏布50×25cm、接着キルト芯50×25cm、薄手接着芯40×10cm、1cm幅レース30cm、1cm幅リボン30cm、0.6cm幅リボン35cm、0.9cm幅ナスカン1個、1.5cm径ボタン1個、1.5cm径マグネットホック(縫いつけタイプ)1組。

材料 22/大
本体表布・持ち手35×45cm、ふた表布25×20cm、裏布55×35cm、接着キルト芯55×35cm、薄手接着芯45×10cm、1cm幅レース40cm、1cm幅リボン30cm、0.6cm幅リボン40cm、0.9cm幅ナスカン1個、1.5cm径ボタン1個、1.5cm径マグネットホック(縫いつけタイプ)1組。

15 page ㊺ ペンケース

実物大型紙は **B** 面

難易度 ★☆☆

材料 45/小　本体表布25cm四方、フラップ表布15×20cm、ベルト・裏布45×25cm、接着芯30×20cm。

☆縫い代は指定以外1cmつける

① ベルトを作ります

② フラップを作ります

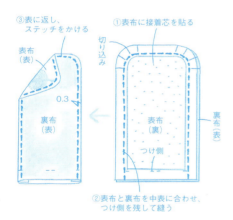

---

11 page ㉕ ㉖ ㉗ 二つ折りケース

実物大型紙は **B** 面

難易度 ★★☆

材料 27/小　外面・内面・上ポケット50×20cm、下ポケット・3.6cm幅バイアス布45cm四方、厚手接着芯30×20cm、薄手接着芯55×20cm、0.8cm径スナップ1組、好みのタグ・レース。

☆全て裁ち切り

① 各ポケットを作ります

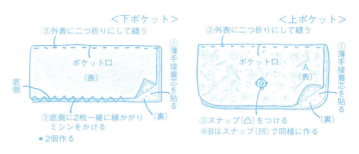

② 本体を作り、まとめます

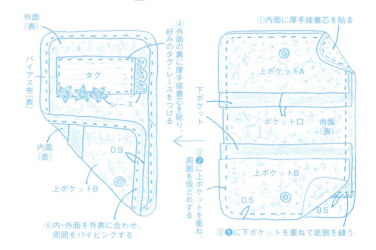

材料 25/大

外面・内面・上ポケット55×60cm、下ポケット・3.6cm幅バイアス布45cm四方、厚手接着芯50×35cm、薄手接着芯50cm四方、1.1cm径スナップ1組、好みのタグ・レース。

材料 26/中

外面・内面・上ポケット40×50cm、下ポケット・3.6cm幅バイアス布45cm四方、厚手接着芯40×30cm、薄手接着芯40cm四方、1cm径スナップ1組、好みのタグ・レース。

15 page 43 44
メイク＆サニタリーポーチ

実物大型紙はB面

難易度 ★☆☆

材料 44/中
本体表布a 35×15cm、本体表布b・裏布50×25cm、フラップ表布20×15cm、接着芯40×20cm、1cm径マグネットホック(縫いつけタイプ)1組、タグ。

☆縫い代は1cmつける

① フラップを作ります

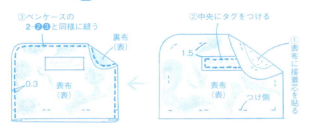

② 表袋と裏袋を作ります

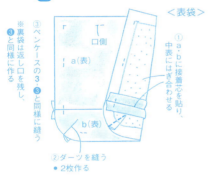

③ まとめます

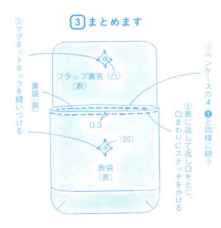

③ 表袋と裏袋を作ります

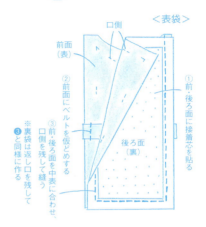

④ まとめます

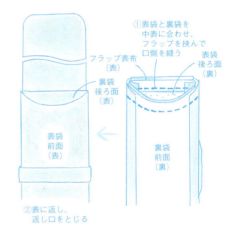

材料 43/大
本体表布a 45×15cm、本体表布b・裏布50×45cm、フラップ表布20×15cm、接着芯45×30cm、1cm径マグネットホック(縫いつけタイプ)1組、タグ。

12 page ③① ③② ③③ 牛乳パック形小物入れ

難易度 ★★★

実物大型紙は **B**面

材料 31/大
本体・ふた用8号帆布60×45cm、縁布20×10cm、当て布20×10cm、飾り布a 45×10cm、飾り布b用ビニール20×10cm、35cmファスナー1本。

※ 32中は〔　〕、33小は【　】内の寸法で作る

☆縫い代は指定以外1cmつける

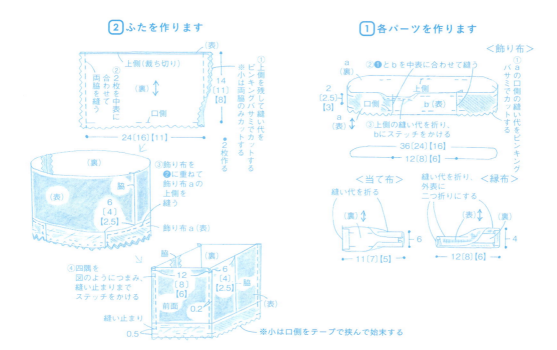

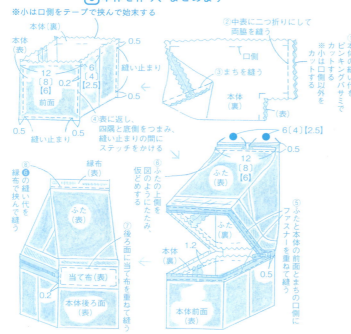

材料 32/中

本体・ふた用8号帆布45×30cm、縁布15×10cm、当て布15×10cm、飾り布a 30×10cm、飾り布b用ビニール15×10cm、25cmファスナー1本。

材料 33/小

本体・ふた用8号帆布35×30cm、縁布10cm四方、当て布10cm四方、飾り布a 25×10cm、飾り布b用ビニール10cm四方、18cmファスナー1本。

13 page 34 35 36 オムレットポーチ

難易度 ★★☆

※35中は〔　〕、36小は【　】内の寸法で作る

実物大型紙はB面

材料 34/大（1個分）
本体表布30cm四方、口布表布・タブ布40×20cm、裏布40cm四方、接着キルト芯40cm四方、40cmファスナー1本。

☆縫い代は指定以外1cmつける

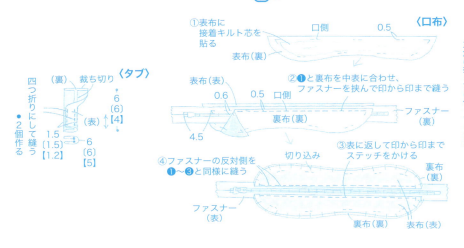

1 各パーツを作ります

2 本体を作り、まとめます

材料 36/小
本体表布20cm四方、口布表布・タブ布25×20cm、裏布25cm四方、接着キルト芯25cm四方、16cmファスナー1本。

材料 35/中
本体表布25cm四方、口布表布・タブ布30×20cm、裏布30cm四方、接着キルト芯30cm四方、20cmファスナー1本。

14 page ㊵ ㊶ ㊷ フリルポーチ

実物大型紙は **B** 面

難易度 ★★☆

※40大は〔 〕、42小は【 】内の寸法で作る

材料 41/中　前面表布ａ・後ろ面表布・内ポケット80×25cm、前面表布ｂ・裏布・フリル65×30cm、接着芯65×25cm、接着キルト芯55×25cm、20cmファスナー1本。

☆縫い代は指定以外1cmつける

1 フリルを作ります

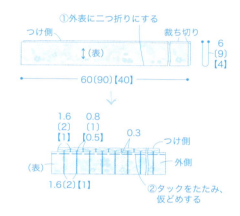

2 表布を作ります

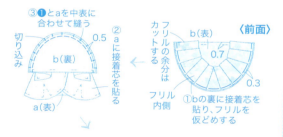

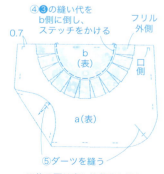

※後ろ面は裏に接着芯を貼り、5と同様に縫う

---

14 page ㊲ ㊳ ㊴ オール出入り口ポーチ

実物大型紙は **B** 面

難易度 ★☆☆

材料 37/大　本体A・B用PVC50×45cm、1.4cm径イージースナップボタン4組。

☆全て裁ち切り

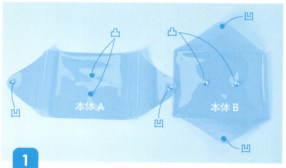

1 本体A・B用のPVCを型紙通りにカットし、それぞれにイージースナップボタンをつける。

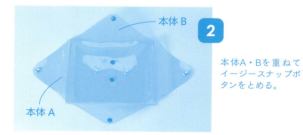

2 本体A・Bを重ねてイージースナップボタンをとめる。

PVCのカットポイント

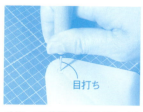

ボタンつけ位置は型紙を重ね、目打ちで印をつけて。

型紙を厚紙に写し取って重ねれば、印をつけずにカット可。

材料 38/中　本体A・B用PVC40cm四方、1.4cm径イージースナップボタン4組。

材料 39/小　本体A・B用PVC20cm四方、1.4cm径イージースナップボタン4組。

③ 裏布を作ります

〈後ろ面〉

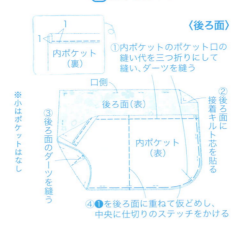

① 内ポケットのポケット口の縫い代を三つ折りにして縫い、ダーツを縫う
② 後ろ面に接着キルト芯を貼る
③ 後ろ面のダーツを縫う
④ ①を後ろ面に重ねて仮どめし、中央に仕切りのステッチをかける

※小はポケットはなし

※前面は❷❸と同様に縫う

④ まとめます

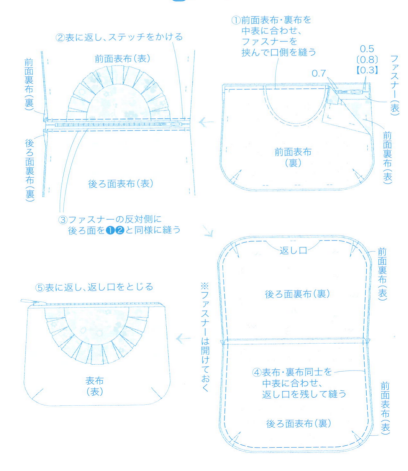

① 前面表布・裏布を中表に合わせ、ファスナーを挟んで口側を縫う
② 表に返し、ステッチをかける
③ ファスナーの反対側に後ろ面を❶❷と同様に縫う
④ 表布・裏布同士を中表に合わせ、返し口を残して縫う
⑤ 表に返し、返し口をとじる

※ファスナーは開けておく

材料 42/小
前面表布 a・後ろ面表布・内ポケット60×15cm、前面表布 b・裏布・フリル85×15cm、接着芯50×15cm、接着キルト芯40×15cm、12cmファスナー1本。

材料 40/大
前面表布 a・後ろ面表布・内ポケット80×55cm、前面表布 b・裏布・フリル90×40cm、接着芯100×30cm、接着キルト芯80×30cm、30cmファスナー1本。

16 page ㊻ ㊼ ㊽ おしゃれ バッグインバッグ

実物大型紙はC面

難易度 ★★☆

※47 中は〔　〕、48 小は【　】内の寸法で作る

材料 46/大
側面表布・まち表布65×35cm、ポケット表布70×20cm、裏布70×50cm、接着キルト芯65×30cm、1.8cm幅レース35cm、0.8cm幅革テープ25cm、0.5cm幅ゴムテープ30cm、1cm幅テープ10cm、1cm幅ナスカン1個、0.5cm径カシメ4組、14cmファスナー1本。

☆縫い代は指定以外1cmつける

1 各パーツを作ります

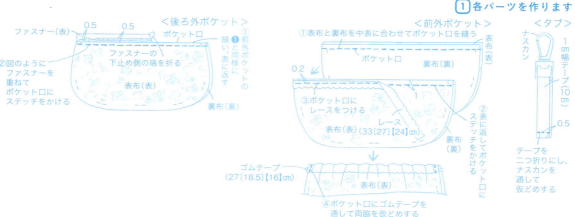

3 まとめます

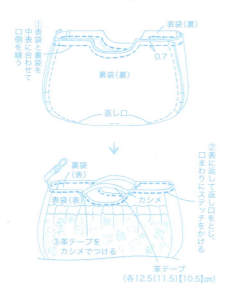

2 表袋と裏袋を作ります

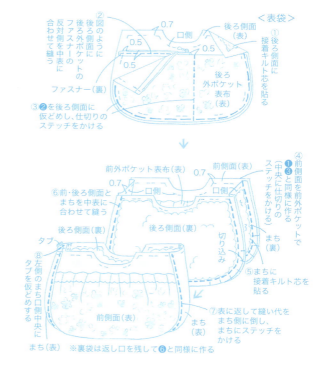

材料 48/小
側面表布・まち表布50×25cm、ポケット表布50×15cm、裏布50×40cm、接着キルト芯50×30cm、1.8cm幅レース30cm、0.8cm幅革テープ25cm、0.5cm幅ゴムテープ20cm、1cm幅テープ10cm、1cm幅ナスカン1個、0.5cm径カシメ4組、10cmファスナー1本。

材料 47/中
側面表布・まち表布55×30cm、ポケット表布60×15cm、裏布55×45cm、接着キルト芯55×30cm、1.8cm幅レース30cm、0.8cm幅革テープ25cm、0.5cm幅ゴムテープ25cm、1cm幅テープ10cm、1cm幅ナスカン1個、0.5cm径カシメ4組、12cmファスナー1本。

6枚はぎのコロンバッグ

17 page ㊾ ㊿ 51

材料　表布用ジーンズ1着、
49/大　裏布・内ポケット80×70cm。

実物大型紙は **C** 面

難易度：★☆☆

※ 50中は〔　〕、51小は【　】内の寸法で作る

☆縫い代は指定以外1cmつける

〈右足〉　　〈左足〉　　裁ち合わせ図

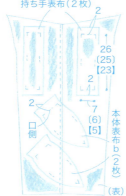

持ち手表布（2枚）
26
〔25〕
【23】
2
7
〔6〕
【5〕
2
口側
本体表布b（2枚）
（表）

2
（表）
口側
本体表布a（4枚）

（表）
カットする
右足　左足

[46][47][48][49][50][51]

② 裏袋を作ります

④①の反対側にもう1枚を
②③と同様に縫う
●2枚作る

③表に返して
ステッチをかける

（表）
内ポケット（表）
（表）
0.5

⑤④2枚を
中表に合わせて縫い、
ステッチをかける

（表）
（裏）
0.5
⑤

①1枚に内ポケットを重ねて
両脇を仮どめし、底を縫う

2
口側
内ポケット（表）
（表）

口側
（裏）

②①ともう1枚を
中表に合わせて
片脇を縫う

① 各パーツを作ります
〈内ポケット〉

①ポケット口の縫い代を
三つ折りにして縫う
②底の縫い代を折る
●2個作る

3
2
1
（裏）

〈持ち手〉

①表布と裏布を中表に
合わせて長辺を縫う
2
表布（表）
裏布（裏）
2

②表に返して
ステッチを
かける
表布（表）
0.5

※裏布は表布と同寸に裁つ

③表布を外表に二つ折り
にして中央を縫う
表布（表）
裏布（裏）
0.5
3
●2本作る

④ まとめます

①表袋と裏袋を中表に合わせ、
返し口を残して口側を縫う

表袋（裏）
返し口12
裏袋（裏）

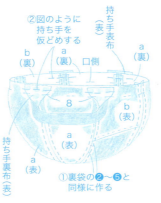

裏袋（表）
0.5
表袋（表）

②表に返して口まわりに
ステッチをかける

③ 表袋を作ります

②図のように
持ち手を仮どめする

持ち手表布（表）
b（裏）　a（裏）
口側
a（表）
b（表）
8
a（表）
持ち手裏布（表）

①裏袋の②〜⑤と
同様に作る

材料 51/小
表布用ジーンズ1着、裏布・内ポケット70×50cm。

材料 50/中
表布用ジーンズ1着、表布50×30cm、裏布・内ポケット80×60cm。

18 page 52 53 54 フリル巾着バッグ

難易度：★☆☆

※ 53 大は〔 〕、54 中は【 】内の寸法で作る

底の実物大型紙は**D**面

材料 52/小
表布a・持ち手65×30cm、表布b35×50cm、裏布35×65cm、1.2cm幅リボン1.5m、2.5cm幅チロルテープ5cm、タグ。

☆縫い代は指定以外1cmつける

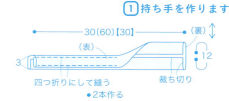

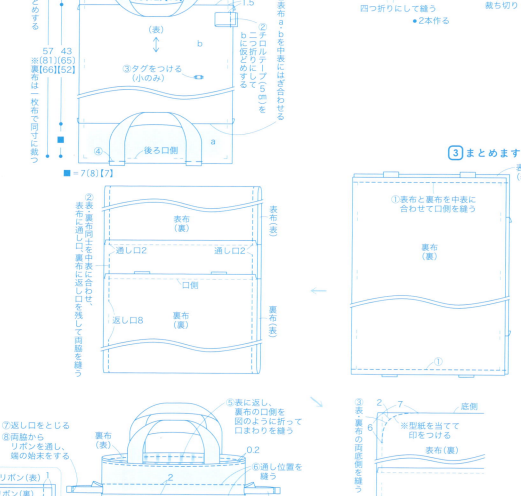

材料 54/中
表布a・持ち手80×30cm、表布b40×60cm、裏布40×70cm、1.2cm幅リボン1.8m、2.5cm幅チロルテープ5cm。

材料 53/大
表布a・持ち手65×60cm、表布b50×70cm、裏布50×85cm、1.2cm幅リボン2m、2.5cm幅チロルテープ5cm。

19 page 55 56 57 ふっくらタックバッグ

難易度 ★☆☆

※56 中は〔 〕、57 小は【 】内の寸法で作る

実物大型紙は**D**面

材料 55/大　表布90×40cm、裏布用11号帆布90×40cm、持ち手30×35cm、接着芯30×15cm。

☆縫い代は指定以外1cmつける

1 各パーツを作ります

<持ち手>

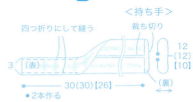

<側面>

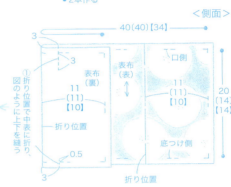

2 表袋と裏袋を作ります

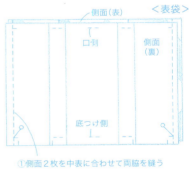

3 まとめます

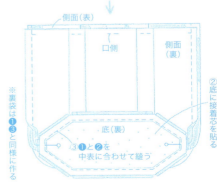

材料 57/小　表布80×35cm、裏布用11号帆布80×35cm、持ち手25×30cm、接着芯25×15cm。

材料 56/中　表布90×35cm、裏布用11号帆布90×35cm、持ち手30×35cm、接着芯30×15cm。

20 page 58 59 60 61
リボンバッグ

難易度 ★☆☆

※ 59中は〔 〕、60小は【 】、61ミニは《 》内の寸法で作る

材料 58/大（1個分） 表布55×80cm、裏布55×80cm、口布・持ち手90×55cm、好みの飾り。

☆縫い代は指定以外1cmつける

② 表袋と裏袋を作ります

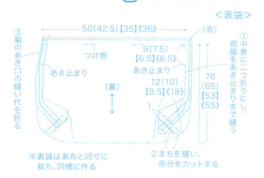

① 持ち手を作ります

③ まとめます

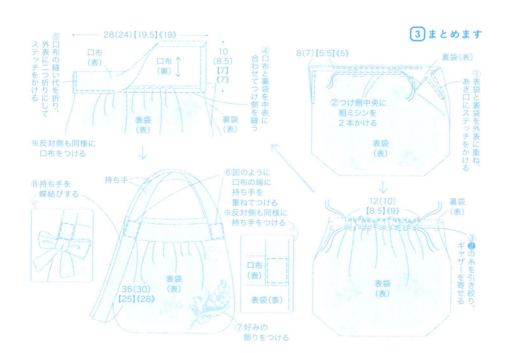

材料 61/ミニ 表布40×60cm、裏布40×60cm、口布・持ち手65×35cm。

材料 60/小 表布40×60cm、裏布40×60cm、口布・持ち手65×40cm。

材料 59/中 表布50×70cm、裏布50×70cm、口布・持ち手75×45cm。

32 page 74 75 76 ひらひらポシェット

難易度：★☆☆

※75中は〔 〕、76小は【 】内の寸法で作る

実物大型紙はC面

材料 74/大　表布・タブ布80×30cm、裏布75×30cm、接着芯75×30cm、0.4cm幅ゴムテープ90cm、1.2cm幅Dカン2個、1.2cm径プラスチック製ドットボタン1組、ナスカン付き肩ひも。

☆全て裁ち切り

1 表袋と裏袋を作ります

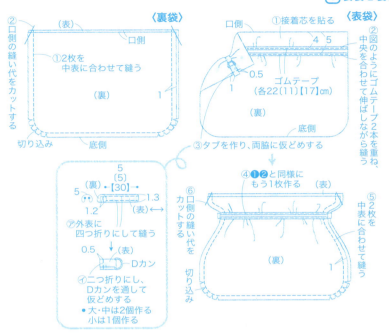

2 まとめます

材料 76/小（1個分）
表布・タブ布50×25cm、裏布50×20cm、接着芯50×20cm、0.4cm幅ゴムテープ70cm、1.2cm径プラスチック製ドットボタン1組。

材料 75/中（1個分）
表布・タブ布40×30cm、裏布35×30cm、接着芯35×30cm、0.4cm幅ゴムテープ45cm、1.2cm幅Dカン2個、1.2cm径プラスチック製ドットボタン1組、ナスカン付き肩ひも。

30 page 68 69 親子おそろいのウエストポーチ

実物大型紙はC面

難易度 ★★★

※68大は〔 〕内の寸法で作る

材料 69/小
側面表布・まち表布・脇布・フラップ・後ろ外ポケット110cm幅×55cm、側面裏布・まち裏布・内ポケット110cm幅×30cm、前外ポケット30cm四方、接着芯50×25cm、40cm両開きファスナー1本、2.5cm幅バイアステープ1.8m、3cm幅テープ70cm、2.5cm幅マジックテープ20cm、0.3cm幅スエードテープ30cm、3cm幅バックル1組、タグ2枚。

☆縫い代は指定以外1cmつける

1 各パーツを作ります

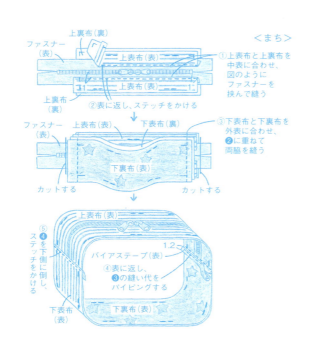

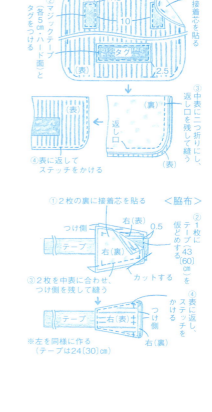

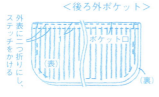

2 前側面と後ろ側面を作ります

44 page ⑨⑧ ⑨⑨ ⑩⑩ お花の小物入れ

難易度：★☆☆

実物大型紙は **D** 面

材料 100/小（1個分）
花びら表布 a 25×10cm、花びら表布 b 25×10cm、花びら裏布25×20cm、外底10cm四方、内底10cm四方、キルト芯45×20cm、厚紙。
☆縫い代は指定以外0.7cmつける

材料 68/大
側面表布・まち表布・脇布・フラップ・後ろ外ポケット110cm幅×60cm、側面裏布・まち裏布・内ポケット110cm幅×50cm、前外ポケット30cm四方、接着芯55×30cm、40cm両開きファスナー1本、2.5cm幅バイアステープ2m、3cm幅テープ90cm、2.5cm幅マジックテープ20cm、0.3cm幅スエードテープ30cm、3cm幅バックル1組、タグ2枚。

① 花びらを作ります

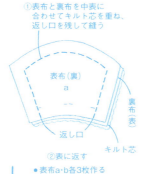

③ まとめます

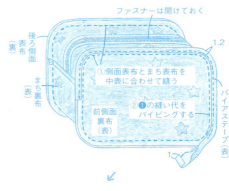

③ まとめます

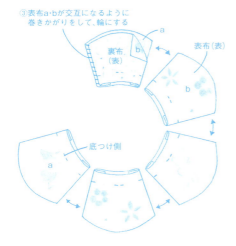

② 底を作ります

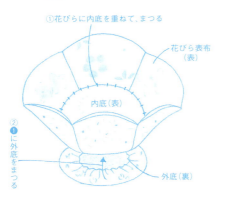

材料 98/大
花びら表布 a 40×10cm、花びら表布 b 40×10cm、花びら裏布40×20cm、外底15cm四方、内底15cm四方、キルト芯40×35cm、厚紙。

材料 99/中
花びら表布 a 30×10cm、花びら表布 b 30×10cm、花びら裏布30×20cm、外底15cm四方、内底15cm四方、キルト芯45×20cm、厚紙。

31 page 70 71 72 73
ラミネート 2wayバッグ

難易度：★★★

材料 70/大

本体表布・底・当て布・外ポケット表布・持ち手用ラミネート地90×95cm、裏布・内ポケット・タブ布用11号帆布90×95cm、4.5cm幅テープ1.5m、1cm幅リボンa10cm、1cm幅リボンb10cm、1.2cm径ドットボタン2個、0.8cm径カシメ7組、0.8cm径ハトメ2組、5cm幅Dカン2個、5cm幅ナスカン2個、5cm幅送りカン1個、2.2cm径二重リング2個、1.5cm径丸カン2個、好みのナスカン。

※71中は〔 〕、72小は【 】、73ミニは《 》内の寸法で作る

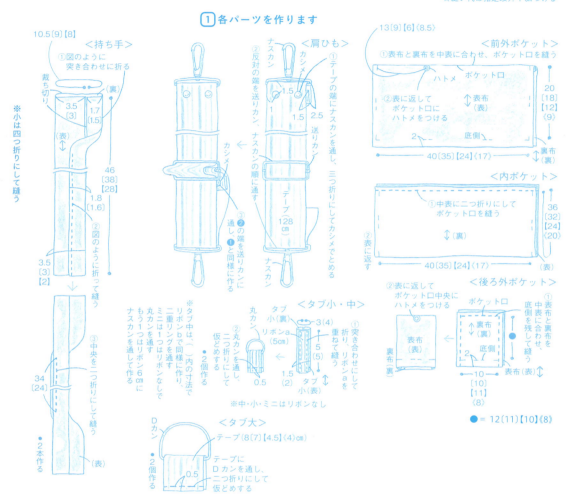

材料 72/小

本体表布・底・当て布・外ポケット表布・持ち手用ラミネート地70×60cm、裏布・内ポケット・タブ布用11号帆布60×65cm、1.5cm幅テープ1.5m、1cm幅リボン10cm、1.2cm径ドットボタン2個、0.8cm径カシメ5組、0.8cm径ハトメ2組、1.5cm幅Dカン2個、1.5cm幅ナスカン2個、1.5cm幅送りカン1個、2.2cm径二重リング2個、1.5cm径丸カン2個、好みのナスカン。

材料 71/中

本体表布・底・当て布・外ポケット表布・持ち手用ラミネート地100×75cm、裏布・内ポケット・タブ布用11号帆布80cm四方、3.8cm幅テープ1.5m、1cm幅リボン10cm、1.2cm径ドットボタン2個、0.8cm径カシメ7組、0.8cm径ハトメ2組、4.5cm幅Dカン2個、4cm幅ナスカン2個、4cm幅送りカン1個、2.2cm径二重リング2個、1.5cm径丸カン2個、好みのナスカン。

- ▲ = 15 (12) 【10】《9》
- ■ = 9 (8) 【7】《5》
- ◎ = 10 (6) 【6.5】《4.5》
- △ = 4 (3) 【2】《2》
- □ = 15 (11) 【7】《6》
- ★ = 23 (18) 【11】《10》
- ♥ = 6 (6) 【5】《4》

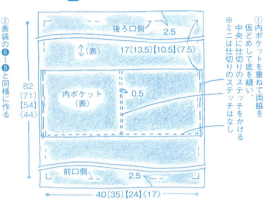

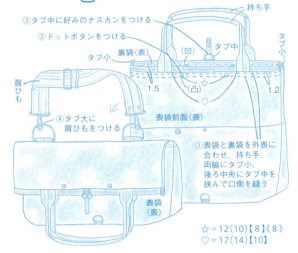

☆ = 12 (10) 【8】《8》
♡ = 17 (14) 【10】

材料 73/ミニ

本体表布・底・当て布・外ポケット表布・持ち手用ラミネート地45×50cm、裏布・内ポケット・タブ布用11号帆布45×50cm、1cm幅リボン6cm、1.2cm径ドットボタン2個、0.8cm径カシメ2組、0.8cm径ハトメ1組、1.5cm幅Dカン2個、1.3cm幅ナスカン1個、1.3cm径丸カン3個、ナスカン付き肩ひも。

33 page 77 78 79

ドローストリング スマホショルダー

難易度 ★★☆

※77大は〔　〕、78中は【　】内の寸法で作る

材料 79/小
口布・底表布・肩ひも・巾着ひも・ストッパー用合皮70×40cm、側面表布・内ポケット40×30cm、側面裏布25×45cm、厚手接着芯25cm四方、0.8cm径ハトメ8組、底板

実物大型紙はC面

☆縫い代は指定以外1cmつける

① 各パーツを作ります

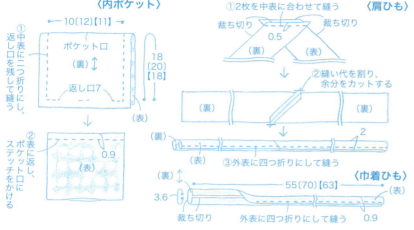
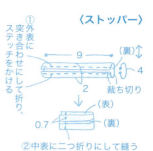

② 表袋と裏袋を作ります

● = 4〔4.5〕【4】
▲ = 7〔11〕【9】
■ = 3.5〔5.5〕【4.5】

③ まとめます

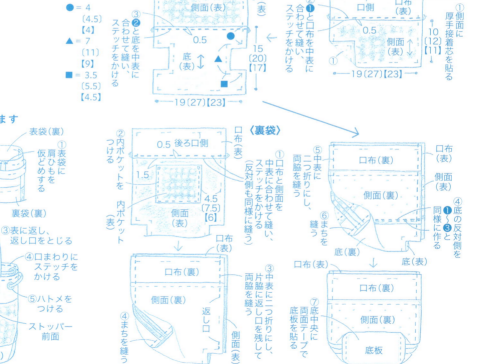

材料 78/中
口布・底表布・肩ひも・巾着ひも・ストッパー用合皮70×60cm、側面表布・内ポケット45×30cm、側面裏布30×45cm、厚手接着芯30cm四方、0.8cm径ハトメ8組、底板

材料 77/大
口布・底表布・肩ひも・巾着ひも・ストッパー用合皮75×70cm、側面表布・内ポケット50×35cm、側面裏布35×50cm、厚手接着芯35cm四方、0.8cm径ハトメ8組、底板

34 page ⑧⓪ ⑧① ⑧② お手玉風バッグ

ポケットの実物大型紙は **D** 面

材料 80/大　表布a〜d 各20×55cm、裏布用キルティングニット地80×55cm、持ち手25×55cm、内ポケット40×20cm、接着芯10×5cm、1.4cm径マグネットホック1組。

難易度｜★☆☆

☆縫い代は指定以外1cmつける

※81 中は〔　〕、82 小は【　】内の寸法で作る

① 各パーツを作ります

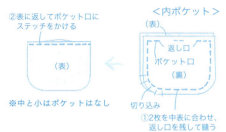

② 表袋と裏袋を作ります
※中と小は表布の裏に裁ち切りの接着キルト芯を貼る
● = 16〔13〕【8】
▲ = 32〔26〕【16】

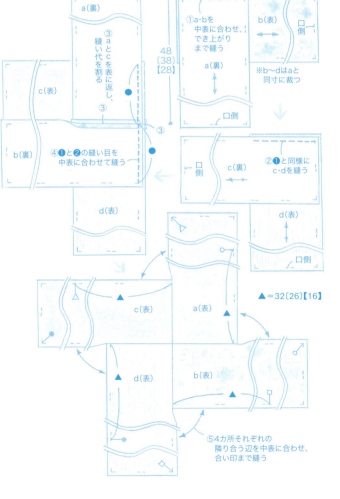

③ まとめます

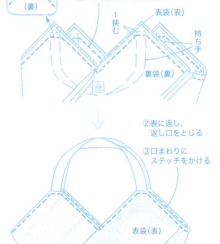

材料 82/小　表布a〜d 各15×35cm、裏布50×35cm、接着キルト芯40×30cm、持ち手用2cm幅綿テープ60cm。

材料 81/中　表布a〜d 各20×45cm、裏布70×45cm、接着キルト芯60×40cm、持ち手用2.5cm幅綿テープ80cm。

35 page 83 84 85
レジ袋型エコバッグ

難易度：★★☆

※83大は〔 〕、84中は【 】内の寸法で作る

材料 85/小　本体・持ち手用ナイロン地60×75cm、通し布・タグ布用ナイロン地30×15cm、2cm幅リボン25cm、0.2cm径ひも60cm、コードストッパー。

☆縫い代は指定以外1cmつける

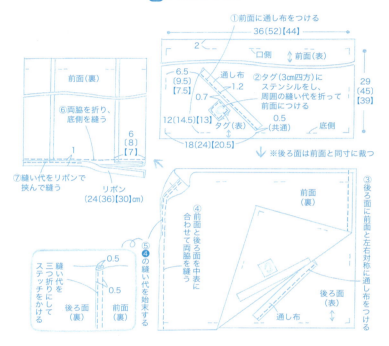
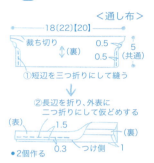
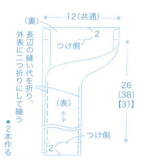
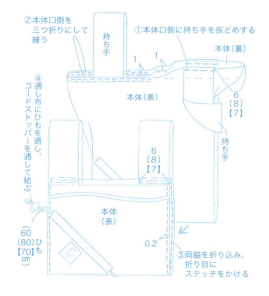

材料 83/大
本体・持ち手用ナイロン地75×110cm、通し布・タグ布用ナイロン地30×15cm、2cm幅リボン40cm、0.2cm径ひも80cm、コードストッパー。

材料 84/中
本体・持ち手用ナイロン地65×90cm、通し布・タグ布用ナイロン地30×15cm、2cm幅リボン35cm、0.2cm径ひも70cm、コードストッパー。

36 page 86 87 88 ノットバッグ

難易度 ★☆☆

材料 86/大　表布b・裏布75cm四方、表布a 40×30cm、持ち手A 30×50cm、持ち手B 30cm四方、接着芯 90×60cm

小の実物大型紙はC面

※87中は〔 〕内の寸法で作る

☆全て裁ち切り

1 各パーツを作ります

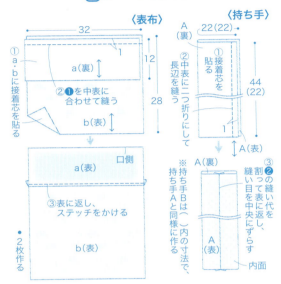

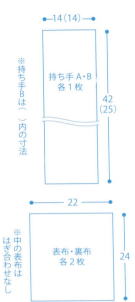

【中の寸法】

※持ち手Bは（ ）内の寸法

※中の表布ははぎ合わせなし

2 まとめます

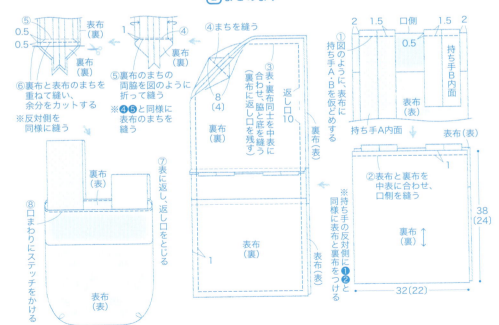

材料 88/小　表布・持ち手50×20cm、裏布30×15cm、接着芯50×20cm

材料 87/中　表布・持ち手55cm四方、裏布50×30cm、接着芯55cm四方

77

37 page 89 90 91
筒形ボストンバッグ

難易度 ★★★

※90中は〔 〕、91小は【 】内の寸法で作る

材料 89/大

側面表布 c 26×40cm、側面表布 a・まち表布75×20cm、側面表布 b・持ち手85×25cm、裏布・内ポケット95×50cm、接着芯90×45cm、2.5cm幅両折りバイアステープ1.1m、3cm幅テープ90cm、0.2cm幅スエードテープ30cm、40cm両開きファスナー1本、タグ。

☆縫い代は指定以外1cmつける

② 側面表布と側面裏布を作ります

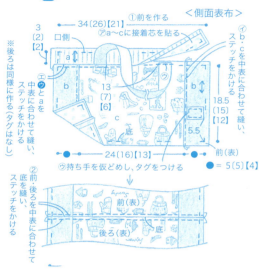

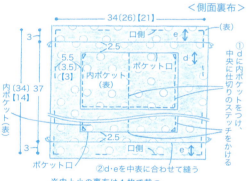

① 各パーツを作ります

③ まとめます

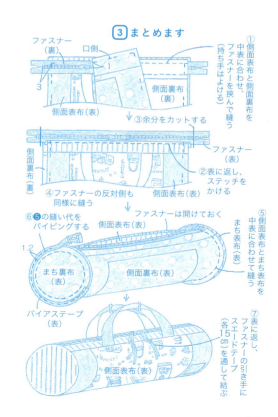

材料 90/中

側面表布 c 40×20cm、側面表布 a・まち表布60×15cm、側面表布 b・持ち手75×20cm、裏布・内ポケット95×40cm、接着芯45×50cm、2.5cm幅両折りバイアステープ1m、3cm幅テープ65cm、0.2cm幅スエードテープ30cm、30cm両開きファスナー1本、タグ。

材料 91/小

側面表布 c 35×20cm、側面表布 a・まち表布55×15cm、側面表布 b 30×15cm、裏布・内ポケット80×30cm、接着芯65×30cm、2.5cm幅両折りバイアステープ75cm、持ち手用2.5cm幅テープ50cm、0.2cm幅スエードテープ30cm、24cmファスナー1本、タグ。

46 page 104 105 106
PVCチケット＆カードホルダー

難易度 ★★☆

材料 104/大
前ポケットA・後ろ面・ストラップ110cm幅×30cm、前面・後ろポケット裏布30cm四方、後ろポケット表布20cm四方、タブ布10cm四方、前ポケットB用PVC20×30cm、接着芯30cm四方、1.3cm幅Dカン1個、1.3cm幅ナスカン1個。

※105小（横長）は〔　〕、106小（縦長）は【　】内の寸法で作る

☆縫い代は指定以外1cmつける

2 ポケットを作ります
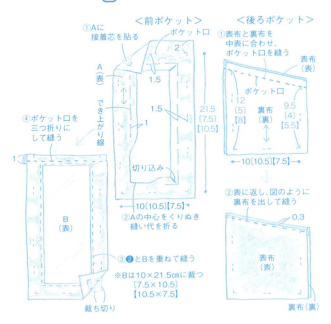

1 ストラップとタブを作ります
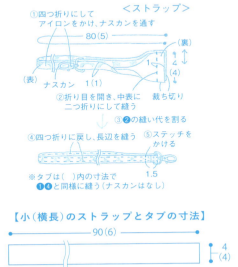

3 まとめます

材料 106/小（縦長）
前ポケットA・後ろ面25×15cm、前面・後ろポケット表布・ストラップ・タブ布40×20cm、後ろポケット裏布15cm四方、前ポケットB用PVC10×15cm、接着芯20×15cm、1.3cm幅Dカン1個、1.3cm幅ナスカン1個。

材料 105/小（横長）
前ポケットA・後ろ面30×15cm、前面・後ろポケット表布・ストラップ・タブ布110cm幅×15cm、後ろポケット裏布15×10cm、前ポケットB用PVC15×10cm、接着芯30×15cm、1.3cm幅Dカン1個、1.3cm幅ナスカン1個。

43 page 95 96 97
仲良し親子のベア

実物大型紙は**D**面

難易度 ★★☆

材料 95/大　頭中央・胴・手・足側面・内耳70×35cm、頭側面・足底・外耳40×15cm、パッチワーク布9種各5cm四方、3cm幅レース20cm、0.3cm幅リボン30cm、1.5cm径ボタン4個、25番刺しゅう糸、わた、ペレット。

☆縫い代は0.7cmつける

※96中は〔 〕、97小は【 】内の寸法で作る

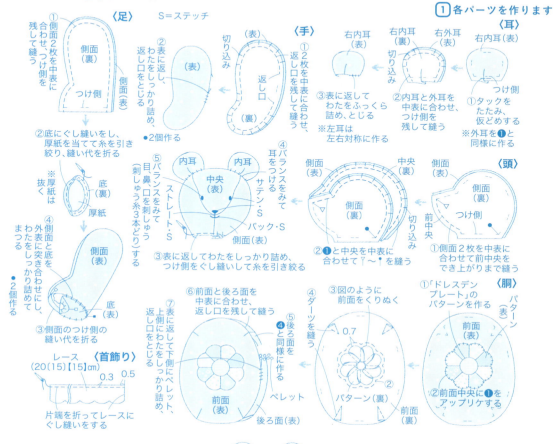

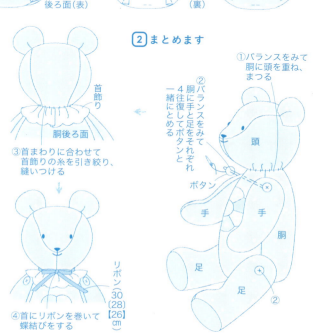

材料 96/中　頭中央・胴・手・足側面・内耳50×45cm、頭側面・足底・外耳25×20cm、パッチワーク布9種各5cm四方、3cm幅レース15cm、0.3cm幅リボン30cm、1.5cm径ボタン4個、25番刺しゅう糸、わた、ペレット。

材料 97/小　頭中央・胴・手・足側面・内耳55×25cm、頭側面・足底・外耳25×20cm、パッチワーク布9種各5cm四方、2cm幅レース15cm、0.3cm幅リボン30cm、1cm径ボタン4個、25番刺しゅう糸、わた、ペレット。

ドレスデンプレートの縫い方

ドイツのドレスデン地方で作られる、美しい絵皿をモチーフにしたデザイン。花びらの数や花心の大きさは好みで決めても。プロセスのパターンは花びら8枚、花心は直径3.5cmで製作。

パターンの描き方

1

花びらの各ピースを中表に合わせ、内側は縫い代から、外側は印まで縫う。写真のように隣り合うピースをつないで1つにまとめる。

2

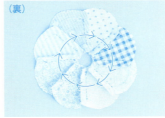

縫い代を0.7cmにカットし、縫い代は一方向に倒す。

4

花心は縫い代をぐし縫いし、厚紙を入れて糸を引き絞る。アイロンで型をつけ、厚紙を抜く。

3

花びらを土台布にまち針でとめ、縫い代を折り込みながらアップリケする。

針先を使ってまつります

針で縫い代を折り込みながら縦まつりでまつります。

5

花心を3の中央にアップリケする。

45 page 101 102 103
オーバルバスケット

実物大型紙は **D** 面

難易度：★★☆

材料 101/大
前側面表布a・後ろ側面表布c 75×25cm、前側面表布b・後ろ側面表布d・底表布・持ち手 100×25cm、裏布90×45cm、接着芯90×45cm、1cm幅リボン10cm。

※102 中は〔　〕、103 小は【　】内の寸法で作る

☆縫い代は指定以外1cmつける

1 持ち手を作ります

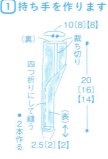

10〔8〕【8〕
（裏）
裁ち切り
四つ折りにして縫う
20〔16〕【14】
（表）
2.5〔2〕【2】
※2本作る

2 表袋と裏袋を作ります

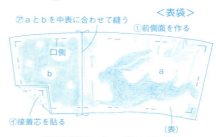

＜表袋＞
⑦aとbを中表に合わせて縫う
口側
b
a
①前側面を作る
④接着芯を貼る
（表）

②後ろ側面をcとdで❶と同様に作る

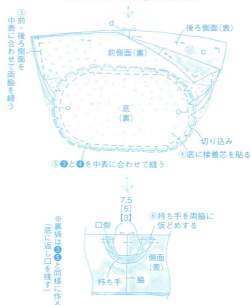

③前・後ろ側面を中表に合わせて両脇を縫う
d
後ろ側面（表）
前側面（裏）
c
底（裏）
切り込み
④底に接着芯を貼る
⑤❸と❹を中表に合わせて縫う

7.5〔5〕【3】
※裏袋は❸❺と同様に作る（底に返し口を残す）
口側
⑥持ち手を両脇に仮どめする
側面（表）
持ち手　脇

3 まとめます

①表袋と裏袋を中表に合わせて口側を縫う
表袋（裏）
裏袋（裏）

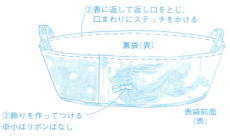

②表に返して返し口をとじ、口まわりにステッチをかける
裏袋（表）
③飾りを作ってつける
※小はリボンはなし
表袋前面（表）

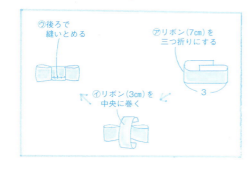

⑦後ろで縫いとめる
⑦リボン（7cm）を三つ折りにする
3
④リボン（3cm）を中央に巻く

材料 103/小
前側面表布a・後ろ側面表布c 45×15cm、前側面表布b・後ろ側面表布d・底表布・持ち手75×15cm、裏布90×15cm、接着芯90×15cm。

材料 102/中
前側面表布a・後ろ側面表布c 50×25cm、前側面表布b・後ろ側面表布d・底表布・持ち手90×25cm、裏布80×40cm、接着芯80×40cm、1cm幅リボン10cm。

カーブの底と輪の側面の縫い方

カーブと直線を縫い合わせる際のポイントは、直線のパーツのほうに切り込みを入れることと、直線のパーツを上にして縫い進むこと。また、一定の速度で布を回転させながら縫うときれいなカーブに仕上がります。

1 直線の布に切り込みを入れる

側面と底を中表に合わせてまち針をとめる際、直線の側面の布がややつれるので切り込みを入れながらまち針をとめる。

2 細かめの針目で速度はゆっくり

縫い目の長さは2〜2.5mm程度。速度はゆっくりにし、フットコントローラーをしっかり踏み、同じ速度で縫う。フットコントローラーの踏み加減で速度が変わると縫い目のガタつきの原因に。

3 側面を上にして縫う

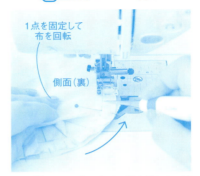

カーブ部分は1点を左手で軽く押さえ、目打ちで布を送りながら縫い進む。1点を動かさずに押さえておくことで自然と布が回転していく。

4 カーブの布にも切り込みを

1周縫えたら底の縫い代にも切り込みを入れ、表に返す。

5 ステッチを入れるときは

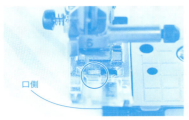

まず押さえなどをガイドにして針が落ちる位置を決める。今回は押さえの中央の印に口側を合わせた。

布をまっすぐ置き、押さえの手前に布端に合わせてマスキングテープを貼る。押さえの印を見るよりも、テープの端に布を沿わせながら縫い進むほうがラクにまっすぐ縫える。

47 page 107 108
携帯スリッパ＆収納ケース

実物大型紙はD面

難易度 ★☆☆

材料 108・スリッパ/小
甲布55×25cm、かかと40×15cm、外底用合皮35×30cm、甲裏布・内底90×35cm、中敷き用0.3cm厚フェルト35×30cm、接着芯65×25cm、接着キルト芯50×25cm。

材料 108・ケース/小
本体25×60cm、0.7cm幅リボン1.2m。

携帯スリッパ
☆縫い代は指定以外1cmつける

① 各パーツを作ります

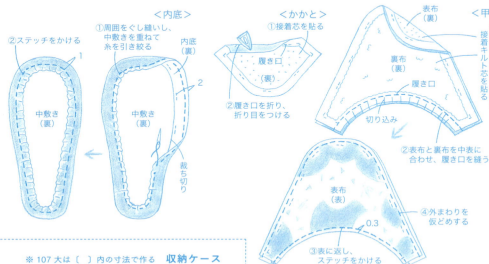

② まとめます

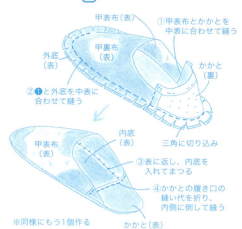

※同様にもう1個作る

収納ケース
※107大は〔　〕内の寸法で作る
☆縫い代は指定以外1cmつける

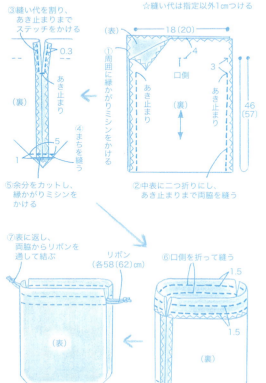

材料 107・スリッパ/大
甲表布55×25cm、かかと40×15cm、外底用合皮35×30cm、甲裏布・内底95×30cm、中敷き用0.3cm厚フェルト35×30cm、接着芯80×25cm、接着キルト芯60×25cm。

材料 107・ケース/大
本体25×70cm、0.7cm幅リボン1.3m。

84

47 page 109 110 111
大きさ自在な衣装ケース

難易度：★★☆

※ 109 大は〔　〕、110 中は【　】内の寸法で作る

材料 111/小　本体・持ち手・パイピング布用ナイロン地80×35cm、30cmファスナー1本、タグ。

☆縫い代は指定以外1cmつける

2 本体を作ります

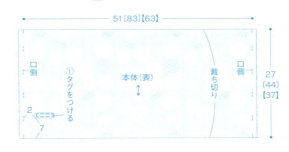

1 各パーツを作ります

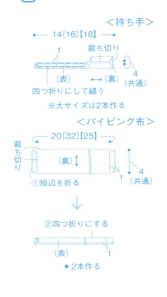

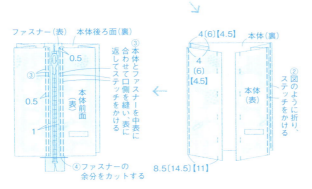

3 まとめます

材料 110/中
本体・持ち手・パイピング布用ナイロン地95×40cm、40cmファスナー1本、タグ。

材料 109/大
本体・持ち手・パイピング布用ナイロン地95×55cm、45cmファスナー1本、タグ。

48 page 112 113 114
ギフトBOX風小物入れ

難易度：★☆☆

材料 113/中（1個分）

本体A表布25cm四方、本体B表布15×40cm、本体裏布55×40cm、厚手接着芯25×35cm、1.5cm幅リボン50cm、0.7cm径ハトメ2組。

実物大型紙は**D**面

☆縫い代は0.7cmつける

1 本体を作ります

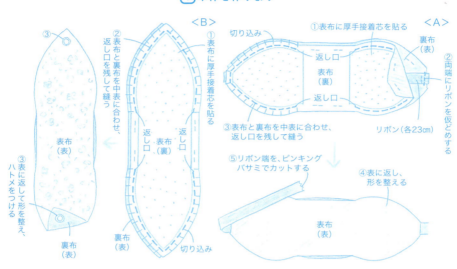

2 まとめます

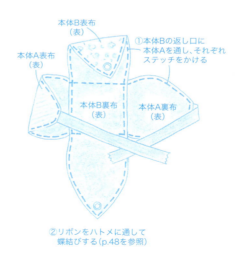

材料 114/小
本体A表布25cm四方、本体B表布15×35cm、本体裏布45×35cm、厚手接着芯25×35cm、1cm幅リボン40cm、0.7cm径ハトメ2組。

材料 112/大
本体A表布30cm四方、本体B表布15×45cm、本体裏布55×45cm、厚手接着芯30×45cm、2cm幅リボン50cm、0.7cm径ハトメ2組。

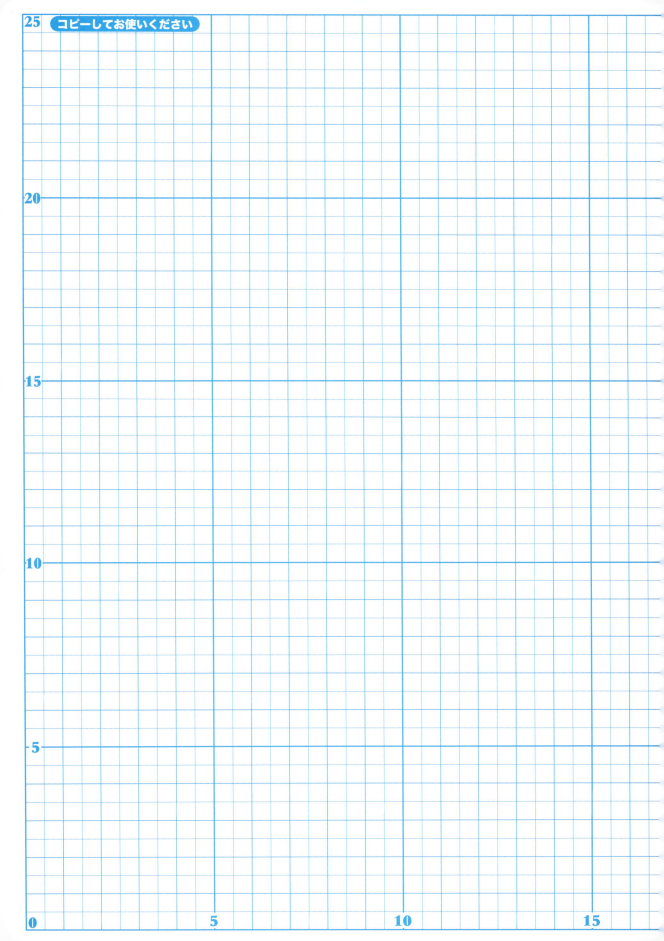

生地提供
エム・シー・スクエア
☎ 045-410-7023
http://www.mcsquare.co.jp/

moda Japan
https://moda-japan.com/

撮影協力
UTUWA

STAFF
デザイン　　中川 純（DEux）
　　　　　　ohmae-d（福地玲歩　浜田美緒　岩田 歩）
スタイリング　石川美和
撮　影　　　有馬貴子（本社写真編集室）
　　　　　　岡 利恵子（本社写真編集室）
型紙トレース　八文字則子
校　閲　　　滄流社
編　集　　　北川恵子

SPECIAL THANKS
『コットンタイム』の制作にかかわってくださった、カメラマン、ライター、スタイリスト、
製図スタッフ、イラストレーターのみなさま

本書は『コットンタイム』No.133〜172に掲載したページを厳選して再編集し、
新たにサイズ違いをプラスしました。

商用OK！大中小で作るとかわいさ3倍布こもの

編　者　　主婦と生活社
編集人　　石田由美
発行人　　殿塚郁夫
発行所　　株式会社主婦と生活社
　　　　　〒104-8357　東京都中央区京橋3-5-7
　　　　　https://www.shufu.co.jp
　　　　　編集部　☎ 03-3563-5361　Fax.03-3563-0528
　　　　　販売部　☎ 03-3563-5121
　　　　　生産部　☎ 03-3563-5125
製版所　　東京カラーフォト・プロセス株式会社
印刷所　　TOPPANクロレ株式会社
製本所　　共同製本株式会社

ISBN978-4-391-16463-3

＊十分に気をつけながら造本していますが、万一、乱丁・落丁
の場合は、お買い求めになった書店か、小社生産部へご連絡くださ
い。お取り替えいたします。

R 本書を無断で複写複製（電子化を含む）することは、著作権法
上の例外を除き、禁じられています。
本書をコピーされる場合は、事前に日本複製権センター（JRRC）
の許諾を受けてください。
また、本書を代行業者等の第三者に依頼してスキャンやデジタル
化をすることは、たとえ個人や家庭内の利用であっても一切認め
られておりません。
JRRC（https://jrrc.or.jp/）
eメール：jrrc_info@jrrc.or.jp　tel：03-6809-1281）

©SHUFU TO SEIKATSU SHA 2025 Printed in Japan